RAPPORT

DE

M. BAILLET

ANCIEN AVOUÉ,

A

LA COMPAGNIE ROUËNNAISE-ALGÉRIENNE

Sur les divers Procès et Réclamations de cette Compagnie;

SUIVI

D'UNE PÉTITION

A MM. LES MINISTRES DE LA JUSTICE ET DE LA GUERRE;

TERMINÉ

PAR DES RÉFLEXIONS SUR LA COLONISATION

ET UN PROJET D'UN VILLAGE ET D'UNE GRANDE FERME

NORMANDE EN ALGÉRIE,

A l'aide de Souscriptions volontaires de 1,000 fr.

ROUEN,

IMP. DE H. RIVOIRE, RUE ST-ÉTIENNE DES-TONNELIERS, 4.

1849.

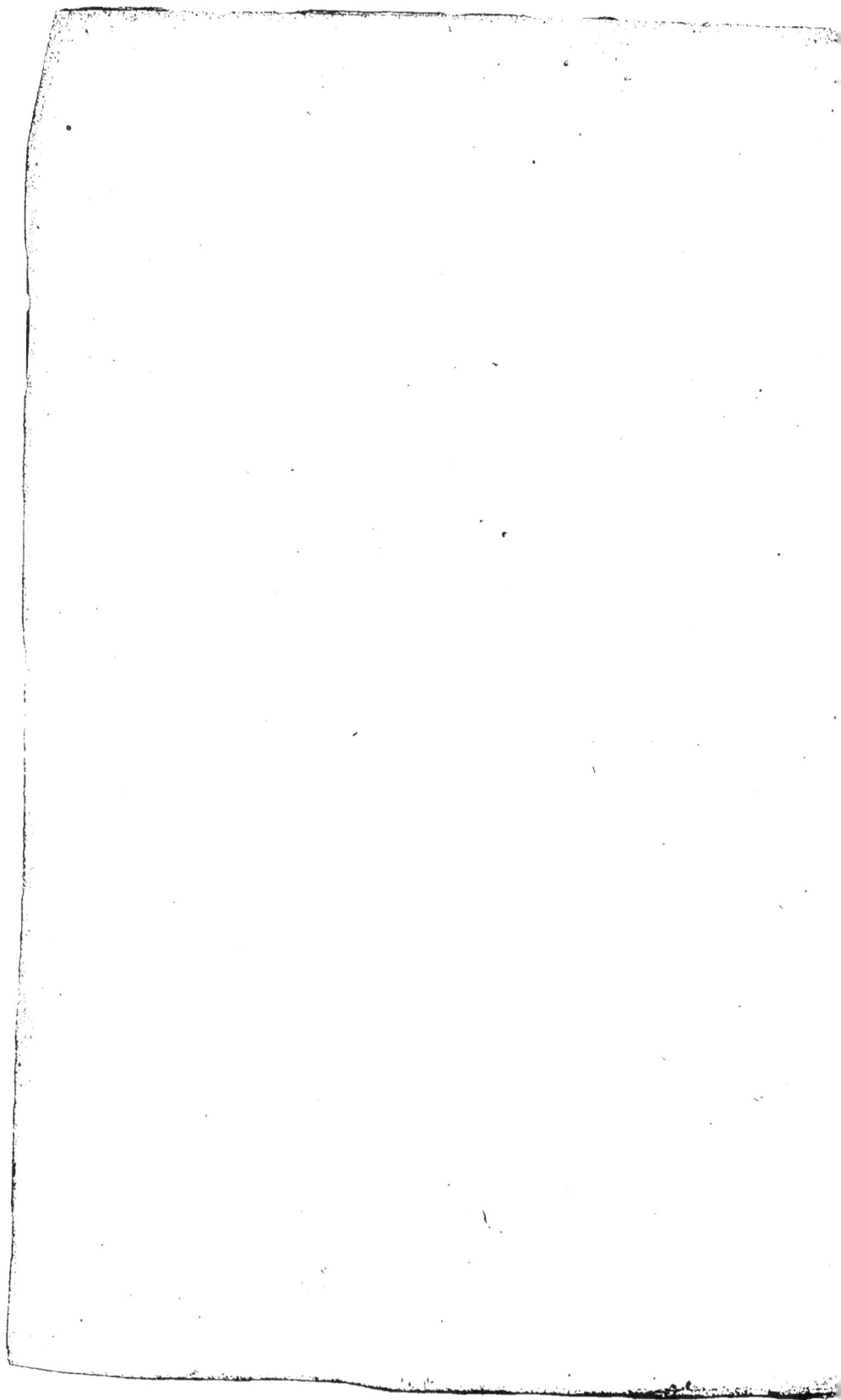

RAPPORT

DE

M. BAILLET

ANCIEN AVOUÉ,

A

LA COMPAGNIE ROUENNAISE-ALGÉRIENNE

SUR

LES DIVERS PROCÈS & RÉCLAMATIONS DE CETTE COMPAGNIE.

OBSERVATIONS

Pour les diverses personnes qui, à différents titres, auront à parcourir le présent rapport, afin qu'elles puissent n'examiner que les points sur lesquels devrait sans retard porter leur attention.

———

Ce qui est dit pour les propriétés nos 3, 4, 5, 10, 12, 16, 21, 22, 24, 30, 33 et 34, 37, 39, 41, 46, 48, 50, 51 et 52, 56, 57, 60 et 61, concerne l'administration qui a succédé à la direction du contentieux dans la province d'Alger.

Ce qui est dit sous les nos 5, 6 et 6 *bis*, 40 et 56, concerne la direction des finances.

Points intéressant d'une manière spéciale, *dès à présent :*

1° Les magistrats de la cour d'Alger : — Ce qui est dit sous le n° 10, affaire Bacuet ; n° 39, affaire Caïd-Sefta et M. Sabbatery ; n° 51 et 52, affaire c. M. Darnaud ; nos 57 et 60, affaires c. les sieurs Roure et Bellard.

2° Les magistrats du tribunal civil d'Alger : — Nos 57 et 60, affaires c. les sieurs Roure et Bellard ; nos 49 et 56, affaires c. les héritiers Kodja-Berry.

3° Les magistrats de Blidah : — Nos 6 et 6 *bis*, affaires Coheu-Solal et Abenzemra ; n° 12, terre Marman, affaire Sionville ; n° 30, terre Tarhioutte, affaire Creuzé de Villy.

4° Justice militaire de Milianah : — N° 57.

RAPPORT

DE

M. BAILLET

ANCIEN AVOUÉ,

A

LA COMPAGNIE ROUENNAISE-ALGÉRIENNE

Sur les divers Procès et Réclamations de cette Compagnie;

SUIVI

D'UNE PÉTITION

A MM. LES MINISTRES DE LA JUSTICE ET DE LA GUERRE;

TERMINÉ

PAR DES RÉFLEXIONS SUR LA COLONISATION

ET UN PROJET D'UN VILLAGE ET D'UNE GRANDE FERME
NORMANDE EN ALGÉRIE,

A l'aide de Souscriptions volontaires de 1,000 fr.

ROUEN.

Typographie de H. RIVOIRE, rue Saint-Étienne-des-Tonneliers, 1.

1849.

(C.)

RAPPORT

DE

M. BAILLET

PRÉSIDENT DE LA COMPAGNIE ROUENNAISE ALGÉRIENNE,

A SES CO-INTÉRESSÉS.

———◁◦▷———

MESSIEURS,

En présence des sacrifices que le gouvernement s'impose pour activer la colonisation de l'Algérie, des nombreux convois déjà dirigés sur ce pays, et qui bientôt seront suivis par d'autres, chacun de vous a dû se préoccuper davantage des graves et nombreux intérêts que nous avons ensemble dans cette colonie, et être désireux de connaître le résultat des travaux de vos représentants, depuis votre dernière assemblée générale.

Dans cette position, votre Comité a jugé utile de vous convoquer aujourd'hui, pour vous rendre compte

1

de votre situation, et de ce qu'il a fait, ou au moins essayé de faire, pour répondre à la confiance dont vous l'avez investi. C'est en son nom que je vais vous faire connaître combien, malgré son bon vouloir et l'activité de sa correspondance et de ses démarches, vous avez peu avancé, depuis 1847, dans la découverte et la reconnaissance de vos propriétés, et combien il reste encore à faire pour vous sortir des embarras de toute nature, que vous auront valus vos acquisitions de propriétés algériennes.

Pour remplir les intentions de votre Comité, je me suis livré à un travail assez fastidieux, pour lequel je réclame cependant votre attention, car, tout fatigant qu'il puisse être pour vous d'en entendre la lecture, sa rédaction aura été pour moi beaucoup plus pénible encore, et j'ai désiré, en m'y livrant, qu'il pût édifier chacun de vous sur les obstacles qu'il nous faut vaincre, pour avoir raison de tous les vols tentés à votre préjudice, *et dont les fils, pour n'être pas saisis encore, ne doivent pas être insaisissables*, si vous avez du courage et de la persévérance!!!

J'ai suivi, dans ce nouveau travail, l'ordre établi dans le rapport du 21 août 1847, afin que vous puissiez les enchaîner l'un à l'autre, et trouver sous l'indication de chaque propriété, les actes accomplis depuis 1847, les ordres donnés et les mesures prises ou en voie d'exécution; à ce moyen chacun de vous pourra désormais provoquer, de son chef, les investigations qui vous paraîtront utiles, pour activer la solution des nombreuses questions qui vous concernent.

Si, depuis 1847, et malgré les efforts de votre Comité, votre position s'est peu améliorée, il ne serait pas raisonnable de s'en effrayer outre mesure, et je vais essayer de vous en indiquer les causes principales, avant d'arriver aux détails spéciaux à chacune de vos propriétés.

A l'aide du rapport du 21 août 1847 et des instructions qu'il contenait, votre Comité, en adjoignant un nouveau mandataire, M. Chabert-Moreau, à M. Savary (dont il restreignait ainsi de beaucoup les pouvoirs), votre Comité, dis-je, avait espéré qu'on pourrait imprimer une activité plus grande à la délimitation de vos terres et à la solution de vos différends avec les acquéreurs de rentes arabes et l'administration; mais il a fallu un temps assez considérable à M. Chabert, pour se mettre au courant de vos divers intérêts et étudier les renseignements qui lui furent transmis; avant, pour ainsi dire, qu'il eût pu commencer des excursions pour reconnaître quelques-unes de vos propriétés, les pluies survinrent et se prolongèrent jusqu'en 1848, avec une violence dont, depuis un siècle, l'Algérie n'avait pas offert d'exemple.

A la saison des pluies, succéda la révolution de février, dont l'effet fut d'arrêter les travaux des diverses administrations; vous comprendrez sans peine qu'au milieu d'un pareil bouleversement, des craintes qu'il dut inspirer à chaque fonctionnaire sur la conservation ou la perte de son emploi, le cours des opérations de délimitation dut être singulièrement ralenti ; joignez à cela une maladie assez grave de M. Chabert, et vous devrez être moins surpris si son concours ne vous a pas produit tout le bien que vous deviez en attendre, et que vous devez en espérer pour l'avenir.

Quant à M. Savary, qui dans l'adjonction d'un nouveau mandataire, eût dû trouver un avertissement de montrer plus de zèle au service des intérêts qu'on laissait confiés à ses soins, s'il voulait que votre confiance (ainsi restreinte), lui fût continuée, j'avoue qu'il a bien peu répondu à ce qu'on était en droit d'espérer : vous en jugerez, du reste, par les documents que plus tard je vous fournirai.

A ces premières causes de retard, j'en dois ajouter d'autres plus graves et vous les signaler de suite. Elles tiennent à l'insuffisance du nombre de fonctionnaires chargés de s'occuper des questions de délimitation et vérification de titres ; à l'insuffisance du nombre d'employés du domaine, administration qui a en Algérie une immense importance ; c'est le peu de bon vouloir qu'on paraît trouver dans cette administration, c'est l'arbitraire créé par les ordonnances spéciales à ce pays, ou plutôt le manque de corrélation et les lacunes qu'on remarque dans leurs dispositions, c'est l'exécution vicieuse ou étrange qu'elles reçoivent. — La singularité des procédures et des décisions judiciaires. — La lenteur déplorable apportée par l'administration à répondre aux pétitions qui lui sont adressées, lenteur qui n'a d'excuse et ne trouve son explication naturelle que dans ce fait, que le personnel des fonctionnaires n'est pas suffisant pour faire face à la pesanteur du travail qui leur est imposé !

Quelques mots pour justifier ces diverses propositions :

1° DIRECTION CIVILE.

Le 8 février 1847, et pour obéir aux prescriptions des ordonnances de 1844 et 1846, relatives aux propriétés algériennes, vous avez formé vingt-trois demandes en délimitation et vérification de titres; il vous en a été donné récépissé sous les n°⁸ 266 à 288; ces demandes formaient alors à la direction du contentieux une série de dossiers inscrits sous les n°ˢ 430 à 452, et concernant celles de vos propriétés désignées au rapport de 1847, sous les n°⁸ 3, 4, 5, 10, 12, 16, 21, 22, 24, 30, 33 et 34, 37, 39, 41, 46, 50, 48, 49, 51 et 52, 56, 57, 60 et 61.

Une seule de ces demandes a reçu solution, elle concernait la terre Kodja-Berry-Saint-Charles, n° 49 : maintenant c'est une opération terminée; un arrêté du conseil supérieur, du 10 avril 1848, valide vos droits d'une manière définitive.

On a commencé à s'occuper des propriétés n°ˢ 10

et 37, mais il n'a encore été rien statué sur les titres ; quant aux *vingt* autres demandes, on ne s'en est pas encore occupé.

Evidemment on ne peut accuser de lenteurs calculées ou de mauvais vouloir, les membres de la direction civile, mais ils sont surchargés de demandes du même genre, ils ne peuvent s'en occuper, ni dans la saison des pluies, ni pendant les grandes chaleurs de l'été, de sorte qu'en attendant, les citoyens ne peuvent rien entreprendre de sérieux, sur des terres dont ils ne sont pas assurés de rester propriétaires : vous en souffrez, messieurs, dans vos intérêts privés, mais la colonisation se trouve aussi d'autant retardée.

Dans un mémoire que je publiai pour vous, en 1847, contre le sieur Bacuet, j'indiquais déjà que le personnel des membres du contentieux aurait besoin d'être augmenté; il y a vingt mois de cela, et la justesse de mes observations d'alors se trouve maintenant démontrée, puisque vingt de vos demandes n'ont encore reçu aucun commencement d'exécution.

Or, chaque opération de ce genre a besoin d'être faite avec un grand soin, pour être juste, car les titres arabes laissent fort à désirer et sur les contenances et sur les abornements. Le cadastre ne paraît pas avoir été fait avec une régularité si scrupuleuse, que ses indications puissent toujours être d'un grand poids, et les documents qu'on est obligé de recueillir près des Arabes qui servent d'escorte et assistent les délimitateurs dans chaque opération, sont souvent insignifiants, et pour ne pas favoriser la mauvaise foi et la cupidité de gens qui réclament des droits qu'ils n'ont pas, mais qu'ils cherchent à établir par des attestations complaisantes, il faut une grande attention, une grande prudence aux délimitateurs; car il ne suffit pas qu'ils aillent vite, il faut aussi qu'ils fassent bonne et loyale justice.

2° LE DOMAINE.

Pour ce qui est de cette administration, bien des gens admettent que c'est pour elle un parti pris de faire de l'arbitraire, de fatiguer les réclamants, de s'emparer de tous les biens, de les faire rentrer dans les mains de l'État, sauf aux malheureux acquéreurs à se débattre, comme ils le pourront, avec tous les honnêtes *négociants* de rentes qu'a produits l'Algérie !

Une pareille supposition est injurieuse, car si elle était fondée, il faudrait admettre que tous les employés de cette administration voudraient concourir à de véritables vols en faveur de l'État, ce qui serait absurde !

Cependant vous verrez dans les détails ci-après, que la direction des domaines s'est emparée de plusieurs de vos terres, bien que la validité ou l'invalidité de vos titres n'ait pas encore été prononcée par la direction civile sur votre demande du 8 janvier 1847; Et cela, bien que vous soyez impitoyablement poursuivis, en payement de rentes grevant les biens dont vous êtes dépouillés, sans jamais en avoir joui, *sans les avoir jamais vus!* Vous en trouverez des exemples sous les n°ˢ 50, 56, 57 et 60. Vous verrez sous les n°ˢ 5, 33 et 34, que cette administration a disposé à votre préjudice, de biens dont la restitution avait été ordonnée, à votre profit et *contre elle*, en 1843, avant les ordonnances de 1844 et 1846.

De pareils faits bouleversent les esprits, semblent imaginaires! Il vous faudra cependant les admettre en présence des faits que je vous indiquerai.

Depuis plusieurs années, l'État vous doit des rentes (pour les propriétés n°ˢ 6, 6 bis et 40), liquidées en 1843 par des arrêtés ministériels, et on ne vous paye pas! Toutes les démarches à ce sujet sont inutiles, ou ne produisent que des promesses banales qui restent sans exécution!

Vous avez adressé des pétitions (une entre autres, le 22 septembre 1847), sur des objets qui devraient avoir déjà une solution : on ne s'en occupe pas, et vous en êtes réduits à faire des frais qui retomberont sur l'État, et que vous auriez voulu prévenir.

A quoi s'en prendre de pareils scandales? ce n'est pas au directeur des domaines, parce qu'il ne peut tout voir, tout faire par lui-même; mais au défaut d'un personnel suffisant d'employés...; au défaut d'ordre établi dans les bureaux pour chaque dossier, ce qui a, parfois, produit ce résultat, qu'on a disposé en faveur de tiers, de biens dont la restitution avait été prononcée en votre faveur, et *sur le vu de vos titres,* par l'administration supérieure.

Evidemment, c'est à l'insuffisance du nombre des employés qu'il faut s'en prendre ; s'il en était autrement, ce serait un scandale pour lequel on ne pourrait trouver d'expressions assez sévères !

3° ORDONNANCES.

En laissant aux acheteurs de rentes la possibilité de se faire payer, sous la *condition de déposer de prétendus anciens titres,* sans être tenus à mettre les acquéreurs de biens en possession, d'attendre que l'administration ait procédé aux délimitations et vérifications de titres : on a mis ces derniers à la disposition des premiers, on les a laissés exposés à des tracasseries qui n'ont pas de nom, à de véritables vols, puisqu'on peut les forcer à payer, bien qu'ils puissent n'avoir pas de propriétés, ce qui est inique et absurde. Vous en trouverez des exemples sous les n°s 10, 12, 16, 30, 39, 51, 52, 57 et 60 ; vous y trouverez des échantillons de procédures scandaleuses, des poursuites inqualifiables, tandis que vous, vous courez encore après vos propriétés, et les moyens de les obtenir.

Vous verrez, sous le n° 57, comment se passe la procédure devant les juridictions militaires, combien il serait urgent qu'on y remédiât.

Sous le n° 13, vous verrez comment les tribunaux et les administrations interprètent l'obligation de justifier d'anciens titres, et que la solution varie suivant que l'une ou l'autre juridiction est appelée à statuer sur des questions de ce genre.

A mes yeux, l'état de choses est tel, qu'il est urgent que le gouvernement intervienne pour rétablir l'ordre dans un pareil gâchis, s'il veut que l'Algérie prospère, que la propriété se développe et se fixe, et que la colonisation marche.

Il est urgent que les opérations de délimitation ne soient pas retardées plus longtemps, et que les fonctionnaires, chargés de ce soin, soient portés à un nombre suffisant, pour que le travail puisse avoir lieu, et qu'on s'occupe de ce qui concerne la direction des domaines.

Ce qui importe surtout (plus qu'en France même)! c'est qu'on ne dirige, sur ce pays, que des fonctionnaires capables, d'une moralité et d'*une probité éprouvée*.

En Algérie, plus qu'ailleurs, l'administration (qui y est si nouvelle), a besoin d'être forte et respectée, pour commander la confiance et l'obtenir; pour les choix à faire, il serait déplorable qu'on fît de la politique. Dans l'administration, ce sont des hommes d'affaires probes et intelligents qu'il faut, et non des faiseurs de prosélytismes à telles ou telles idées, et on aurait grand tort d'aller ramasser jusque dans la boue, les fonctionnaires ou agents de toute nature qu'on voudrait fixer dans ce pays, pour aider aux travaux considérables qui sont à y faire, afin de remédier

aux lenteurs dont il souffre et que les événements politiques, par les changements qu'ils ont nécessités ,
n'ont fait qu'augmenter.

J'ai voulu , messieurs , vous expliquer d'abord les
causes générales qui , suivant moi , se sont opposées,
depuis 1847, à l'accélération de vos affaires , à la reconnaissance et à la mise en possession de vos biens.
J'arrive maintenant aux faits spéciaux à chaque domaine; votre attention , que je réclame , vous mettra
à même de décider si mes appréciations doivent avoir
votre assentiment , ou si vous ne *devriez pas chercher
ailleurs la cause des retards dont vous souffrez , et prendre,
en conséquence , des mesures autres que celles que votre Comité se propose d'indiquer*.

N° 2. — TERRE **El Yman,** ou **Ben-Aliman ,** ou **Ben-Ali-Agrappe**.

Cette propriété vous a été vendue le 3 janvier 1834,
par Mohammed-el-Hanafi-Ben-Mustapha , iman de l'o-
ratoire Alkaoua , à Blidah ; sa femme , des époux Al-
hadj Omar Alhanafi, Ben-Aly, Ben-Hely, de Coléah,
et une dame Fatima. D'après votre contrat, cette terre
serait située aux Hadjoutes , et devrait contenir quatre
mille cent trois hectares ; elle vous a été cédée moyennant 540 fr. de rente annuelle, payée exactement
jusqu'au 3 janvier 1840.

Je consigne ici, et pour n'y plus revenir ultérieurement, une réflexion commune à cette propriété et à la presque totalité de vos autres domaines, c'est qu'il est inconcevable que vos divers mandataires aient ainsi payé jusqu'en 1840 (et jusqu'en 1843 même), des rentes à l'occasion de biens qu'ils ne connaissaient pas, sans chercher à savoir, de ceux qui venaient les réclamer, en quoi ces biens consistaient, leur situation précise, leurs abornements, par qui ils étaient occupés, etc., etc., de manière à s'assurer, en payant, qu'au moins vous aviez quelque chose.

En supposant à vos premiers représentants trop peu d'habitude des affaires pour croire un pareil soin utile, les notaires qui recevaient les quittances, et auxquels les fonds étaient adressés, et qui ne pouvaient ignorer à combien de déceptions les acquéreurs de biens devaient s'attendre sur les contenances promises, etc., etc., et sur le peu de renseignements que contenaient les actes primitifs, auraient bien dû adresser à ce sujet, aux Arabes qui se présentaient avec des interprètes, ou à leurs cessionnaires, des questions qui pussent vous fixer.

On sait maintenant que bien des gens, dans lesquels on compte d'anciens notaires, des officiers ministériels, ont fait le commerce des rentes, en se servant de prête-noms, et on arrive parfois, et malgré soi, à supposer que ce défaut de précautions de la part de ceux qui payaient en votre nom, a pu être un moyen de rendre, à votre préjudice, de véritables ser vices à vos prétendus créanciers!

Ces payements de rentes pendant plusieurs années, lorsque vous ne connaissiez ni vos propriétés, ni leur situation, ni leurs abornements, donnent lieu à bien des suppositions!! et si les chefs de parquet en Algérie se livraient à des investigations à ce sujet, ils découvriraient probablement plus d'un honteux tripotage! car il paraîtra souverainement ridicule à tout le monde, et à des magistrats surtout, que vous ayez pendant près de dix ans, envoyé des fonds en Algérie, pour servir des rentes à l'occasion de propriétés dont vous ne jouissiez pas, et *dont plusieurs vous sont encore inconnues*, bien que quinze années se soient écoulées depuis vos acquisitions!

Une enquête sur ce point, de la part des magistrats, découvrirait peut-être plus d'un coupable et entraîneraient plus d'une condamnation! Mais ce serait justice, et toute tardive qu'elle serait, elle pourrait bien n'en être pas moins méritée!

J'achève ici le cours de cette réflexion, et je reviens à votre terre el Yman.

Existe-t-elle, *oui* ou *non?* Le fait est encore incertain; nous sommes en 1848, et vous avez acquis le 3 janvier 1834!

En avril 1847, M. Larible, un de vos co-intéressés, avait vu une propriété de ce nom, qui lui avait paru (d'après ses notes) bien cultivée et contenir environ cent hectares, au lieu de quatre mille cent trois dont parle votre contrat. L'Arabe auquel il s'était adresse lui avait assuré qu'il n'avait jamais vendu cette terre à aucun Européen ; qu'en tous cas, elle dépendait des biens du beylik, etc., etc.

Par suite des renseignements fournis par M. Larible, et en présence des réponses assez équivoques de l'Arabe qu'il avait vu, j'en avais induit que les cent hectares de terre qu'il avait visitées devaient être votre propriété, malgré l'énormité de différence existant entre cette étendue de terre et celle promise par l'acte de 1834 ; et aux pages 3 et 4 du rapport de 1847, je conseillais diverses mesures pour guider vos représentants actuels en Algérie.

Eh bien ! il paraît que M. Larible a été mal renseigné, car le 3 mars 1848, M. Chabert, votre nouveau mandataire à Blidah, écrivait que, le 1er dudit mois, il s'était transporté sur cette terre, qu'il avait trouvée occupée par *Ben-Ali-Legraa,* lequel avait déclaré en être propriétaire pour moitié, et que l'autre moitié appartenait à son frère Mohammed-Legraa, et que ni l'un ni l'autre n'en avaient consenti la vente à personne.

Le cas était assez embarrassant, car il n'existe, en effet, aucun rapport entre les noms des deux frères *Legraa,* qui se disent les propriétaires actuels de la terre *el Yman,* et ceux de vos vendeurs de 1834.

On allait écrire à M. Chabert de revoir ces individus, de s'assurer près d'eux de l'époque à laquelle ils seraient devenus propriétaires, du temps depuis lequel

Ben-Ali-Legraa occupait, afin de voir ainsi s'ils ne se seraient pas emparés sans droit, et depuis 1834, d'un immeuble dont ils voudraient ainsi se maintenir en possession et à votre préjudice; mais depuis, et à la date du 23 août dernier, M. Chabert annonce qu'il a visité une autre propriété du nom *el Yman*, qui lui a paru contenir deux cent cinquante hectares et être bien cultivée; elle serait bornée par le bois de Karesas, la rivière Oueljeb et à l'abri des prétentions du domaine, qui en élève au contraire sur la propriété visitée par M. Larible, et occupée par Ali-Legraa.

Maintenant, cette nouvelle propriété est-elle bien celle qui vous a été vendue en 1834? Nous n'en savons rien encore.

M. Chabert, pendant qu'il était sur les lieux, eût dû s'assurer des noms des occupants, *dont il a remarqué la belle culture*, savoir depuis quand ils occupaient, à quel titre et par quel prix, si c'était comme fermiers.

S'ils lui eussent refusé de s'expliquer à ce sujet, il eût dû s'adresser au plus prochain bureau arabe, au cadastre, aux domaines, afin de s'éclairer et d'arriver ainsi à savoir si, en 1834, les propriétaires de cette terre n'étaient pas vos vendeurs. — Je ne vois pas qu'il ait rien tenté de pareil, et c'est une faute qu'il devra s'empresser de réparer. Je sais bien, d'après ce que j'ai vu dans vos archives (et avant que M. Chabert n'eût à s'occuper de vous), qu'on vous annonçait qu'on ne pouvait obtenir aucun secours près

des administrations, que les employés se refusaient
à toutes communications, même officieuses; j'avoue
que je ne puis croire qu'il en soit ainsi; c'est dans
l'intérêt public que les administrations existent, que
des employés reçoivent un traitement payé de l'argent
des contribuables, et ces administrations manqueraient à tous leurs devoirs et au but de leur institution
si elles refusaient leur concours à des individus qui,
justifiant de contrats, viennent se renseigner près d'elles,
pour découvrir leurs propriétés, en justifiant qu'ils
en ont acquitté les rentes pendant plusieurs années,
bien qu'ils ne fussent pas en possession.

Je conçois très-bien que les bureaux ne puissent s'ou-
vrir devant tous les aventuriers qui pourraient, sous
le moindre prétexte, venir déranger les employés de
leurs occupations; mais vous n'êtes pas des aventuriers, vous êtes des acquéreurs sérieux, qu'on ne peut
traiter d'agioteurs (car depuis 1834, vous n'avez voulu
céder ni vendre aucune de vos propriétés); vous êtes
maintenant connus, il y a peu d'administrations dans
la province d'Alger, qui n'ait eu à s'occuper de vous,
et, dès lors, en se présentant en votre nom, M. Chabert eût sans doute obtenu des renseignements qui
vous eussent fixés.

Le rapport de 1847, les singularités qu'il indique,
la constance avec laquelle vous avez consenti payer
des rentes pendant un si long temps, étaient des motifs suffisants pour qu'on voulût vous venir en aide,

lorsque vous êtes à la recherche de biens que vous justifiez avoir acquis.

Il convient donc que, sans délai, M. Chabert continue ses investigations; il fera bien de presser auprès de la direction civile la délimitation de la nouvelle terre el Yman, dont parle sa lettre du 23 août; cette opération servirait, sans doute, à éclairer la question de savoir si elle doit vous être attribuée.

Il est assez étrange, sans doute, que vos vendeurs, qui s'étaient fait payer leur rente de 540 fr., jusqu'au 3 janvier 1840, aient cessé depuis toute réclamation; au reste, comme ils ont été réassignés en reprise de de l'instance de 1845, ayant pour but la délimitation de cette propriété et la réduction de la rente, en cas de différence de contenance, on verra plus tard à suivre sur cette action, d'après ce qui résultera de l'opération de délimitation à laquelle l'administration devra procéder.

Par une pétition du 22 septembre 1847, contenant onze réclamations différentes, dont j'ai fait moi-même le dépôt au ministère de la guerre, adressée au ministre, à M. le gouverneur de l'Algérie et à la direction civile, votre Comité demandait, entre autres choses, l'expulsion des Arabes établis sur la propriété el Yman, indiquée par M. Larible, et qu'on croyait être à vous.

M. le directeur-général de l'Algérie a accusé réception de cette pétition, par lettre de son cabinet particulier, du 21 octobre 1847, n° 793, en termes qui prouvent qu'elle avait provoqué son attention; mais à raison sans doute des événements accomplis depuis son envoi à Alger, l'administration ne paraît s'être occupée que du chef concernant votre propriété Ben-Salah, n°ˢ 51 et 52 ci-après.

N° 3. — Propriété **Ben-Aroun**.

Cette propriété vous a été vendue comme contenant deux cent cinquante-quatre hectares, sans les terres incultes, par un sieur Huard, propriétaire à Alger, moyennant un prix payé comptant, et la charge d'une rente de 180 fr. à faire à Brahim-ben-Malhi-el-Din-Aroun, duquel ledit sieur Huard l'avait acquise, le 25 juillet 1832, par acte devant Mᵉ Martin, notaire.

Lorsque M. Larible visita cette propriété, qui se trouve à huit kilomètres de Bouffarick, il la trouva occupée par un colon, dont il négligea de prendre le nom et près duquel il omit de s'informer depuis quelle époque il l'occupait, et par quel prix.

A l'aide du rapport de 1847, j'espérais que M. Chabert pourrait la visiter de son côté, et vous fournir les documents nécessaires à votre position, mais sa correspondance n'indique rien à ce sujet.

D'un autre côté, par une lettre du 14 octobre 1848, M. Savary écrit que cette propriété est occupée par le sieur Arries; qu'elle aurait été vendue par un sieur Salaville à MM. Signoret frères, négociants à Marseille, rue Tapis-Verts, n° 40 ; qu'il les a priés de faire connaître leur mandataire à Alger, afin qu'on puisse savoir qui d'eux ou de vous restera définitivement propriétaire.

A cette occasion , on peut faire à M. Savary le reproche bien mérité de ne pas s'être occupé plus tôt de cette terre ; il a traversé bien des fois Bouffarick , pour faire , à Blidah , des voyages qu'indiquent ses comptes et sa correspondance , et pendant qu'il était à Bouffarick , il eût dû d'autant plus s'occuper de cette propriété , qu'il en avait fait dresser le plan par le sieur Dardé , géomètre ; que celui-ci , pour faire son opération , avait dû se transporter sur les lieux (à moins qu'il n'eût fait son travail d'imagination , ce qui n'est pas admissible) ; que là , pour s'y livrer , il avait dû s'adresser à l'occupant pour connaître les limites de la propriété ; qu'il avait dû remarquer qu'elle était cultivée , et , par suite , communiquer ses observations à M. Savary, qui eût dû s'en préoccuper, au lieu de nous placer dans cette position , qu'en 1848, il nous faut attendre le résultat de la correspondance engagée à Marseille avec MM. Signoret.

Il s'agira de savoir si ses titres sont préférables aux vôtres , ce que l'administration aura à décider lorsqu'elle s'occupera de délimiter cette terre.

Ce n'est qu'après ce préalable qu'on devra donner suite à votre action en réduction de rentes.

N° 4. — Propriété **Djennet.**

Le 5 mars 1847, M. Larible a visité cette propriété en compagnie de Mohammed-al-Hanafi-ben-Mustapha, votre vendeur ; au lieu de trente-deux hectares, elle en contient trois à peine ; elle est située à cinquante mètres du fossé d'enceinte de Blidah ; lors de la visite de M. Larible, elle était bien cultivée et occupée par *un caïd*.

Je m'étonne que M Chabert, habitant Blidah, où il peut, chaque jour, voir votre vendeur, ne l'ait pas obligé à s'expliquer sur la différence considérable qui existe entre les trente-deux hectares par lui promis, et les trois hectares environ qui existent.

Dans une lettre du 19 avril 1848, M. Chabert conseille de traiter avec cet individu, pour une somme assez faible (400 fr.) du capital de la rente qui lui est due, et qu'il ne réclame pas depuis qu'il a été assigné, en vertu de l'ordonnance de 1844, en délimitation et réduction de rente, etc., ce qui terminerait le procès.

Mais avant même qu'on pût souscrire à cette proposition de votre vendeur, il faudrait savoir, d'abord, si la propriété dépend, *oui* ou *non*, de la ville de Blidah, si les titres sont ou non soumis à l'appréciation de la direction civile ; car si cela est, comme la propriété définitive des trois hectares qui existent seule-

ment serait encore incertaine, et que rien ne vous
garantit la validité de votre acquisition, il y aurait
danger à donner une somme quelconque pour éteindre une rente grevant un bien que vous ne seriez pas
assurés de conserver.

A la page 7 du rapport de 1847, j'avais voulu appeler l'attention de vos représentants sur la nécessité
de s'assurer si cette propriété était ou non dans le périmètre de Blidah, et M. Chabert eût dû s'en assurer
soit au cadastre, soit à la municipalité ou ailleurs;
un pareil renseignement n'eût pu lui être refusé, et
s'il eût rencontré un mauvais vouloir, auquel je ne
puis croire, je ne doute pas qu'en s'adressant à l'autorité supérieure, on n'en eût obtenu raison.

Enfin, on lui a écrit dans ce sens; il faut attendre
ce qu'il apprendra à ce sujet.

Ce n'est pas tout, en admettant que les trois hectares qui composent actuellement la propriété Djennet dussent vous rester, comme je l'espère, je n'en
serais pas plus disposé à vous conseiller d'agréer l'offre
de votre vendeur, parce que, d'accord avec lui, des
voisins auraient pu augmenter leurs propriétés aux
dépens de la vôtre; *bien des vols de ce genre ont été
commis en Algérie*, surtout lorsque les voleurs avaient
l'espoir de s'enrichir aux dépens de propriétaires éloignés comme vous, et n'étant pas sur place pour s'opposer à des anticipations.

Or, votre vendeur habite Blidah; il vous a vendu
trente-deux hectares, il faut qu'il les fournisse, à

moins d'avouer qu'il vous a indignement trompés!

Il faut qu'il explique pourquoi il ne réclame pas sa rente depuis plusieurs années! Si c'est lui qui a loué à l'occupant actuel les trois hectares de terre qui constituent de présent votre propriété, et par quel prix! Il faut qu'il vous en mette en possession! Il faut, à moins qu'il ne consente à passer pour un fripon, qu'il vous indique ceux de vos voisins qui auraient agrandi leurs propriétés aux dépens de la vôtre.

Si l'on était au milieu des plaines de la Mitidja, éloigné de tout centre de population, il serait difficile, peut-être, d'obtenir de pareils renseignements, mais la *propriété Djennet* est à Blidah, à cinquante mètres du fossé, tout est cultivé dans son voisinage, et, dût-on recourir à la police, on doit arriver à la vérité, et vous devez la vouloir et l'exiger.

Plus tard, on verra s'il convient de suivre sur votre action en réduction de rente pour défaut de contenance, et si votre vendeur ne veut pas s'exécuter de bonne volonté et à l'amiable, la réduction qu'il aura à subir sur sa rente, ne lui laissera pas même les 400 fr., dont il paraît maintenant disposé à se contenter.

N° 5. — Propriété **Toute-Oulide**.

Cette propriété vous a été vendue par : 1° Moham-med-Héfid-Alhadj-Mohammed-Almegri ou Moguéry ;

2° Hamed; 3° Ali, ses deux frères; 4° par un dame
Fatima Algronmi, leur mère, d'après votre contrat
du 22 janvier 1834; elle est indiquée comme contenant quatre cent vingt-sept hectares, située sur la rivière Mazafran, et consiste en terres labourables, non
labourables, prés, marais, jardin, forêt, *mille mû-*
riers, douze figuiers et un oranger.

Au lieu de quatre cent vingt-sept hectares, cette
terre n'aurait eu que huit hectares dix centiares d'après
un plan du sieur Liout, géomètre. Dans le rapport de
1847, et par suite d'un renseignement inexact qui
m'avait été fourni, je vous disais que le domaine vous
en avait pris soixante hectares et j'indiquais quelques
mesures à prendre.

Mais une lettre, du 29 septembre dernier, de
M. Chabert, contient, sur cette propriété, des renseignements importants, que je dois vous communiquer
de suite.

Il paraît qu'originairement l'administration, qui
ignorait votre acquisition de 1834, avait séquestré
cette propriété de quatre cent vingt-sept hectares sur
la famille *Almegri*, vos vendeurs.

M. Desnoyers, alors votre représentant, ayant eu
connaissance de ce séquestre, justifia de vos titres,
réclama en votre nom, et le séquestre fut levé, par
ordonnance du conseil d'administration, du 14 août
1843, sous la seule condition de continuer au domaine la rente de 50 fr., qui restait due sur le contrat de 1834.

En levant le séquestre, on voulait évidemment vous restituer tout ce qui vous avait été vendu, c'est à dire quatre cent vingt-sept hectares, d'après les désignations assez précises (minutieuses même pour des Arabes) contenues dans votre contrat, situés dans la vallée et près la rivière de Mazafran.

Le séquestre, s'il était maintenu, ne pouvait continuer de porter que sur les autres propriétés que la famille *Almegri* aurait pu posséder.

Cependant, malgré l'arrêté du 14 août 1843, et postérieurement à cette date, l'administration des domaines aurait fait diverses concessions de terrain, à même ceux indiqués provenir de la famille Almegri, et à votre préjudice.

Ainsi, à même la terre Toute-Oulide, le domaine aurait concédé :

1° A un sr Bancerel,   35 hect. par une rente de 165 fr.

2° A un sr Tramerel,   14 hect. par une rente de   70

3° A un sr Couture,   14 hect. par une rente de   7?

4° A un sr Dhérisson,   25 hect. par une rente de   120

Et 5° à un sr Denniée,   22 hect. par une rente de   100

Total . . . 110 h. — Total des rentes, 525 fr.

Et il se considérait encore comme propriétaire d'un bois de cinquante-cinq hectares, dépendant du séquestre établi sur la famille Almegri.

Évidemment, le domaine a disposé de biens qui vous avaient été vendus par le contrat de 1834 ; il doit vous restituer les rentes s'élevant à 525 fr., stipulées à son profit; plus, les cinquante-cinq hectares de bois, qu'il n'a pas aliénés, et, dans l'espèce, le tort du domaine est d'autant plus grand, qu'il ne pouvait ignorer l'arrêt du 14 août 1843, qu'il avait dû en faire mention sur les sommiers des propriétés et sur les registres indiquant les biens séquestrés et les noms des propriétaires.

Or, le doute ou l'équivoque ne peuvent exister ici. En 1834, la famille Almegri vous avait vendu quatre cent vingt-sept hectares de terres, bois, jardin, marais, mûriers, etc., etc., dans la vallée et sur la rivière Mazafran; il ne s'agit pas maintenant d'équivoquer sur les noms à donner à cette propriété, pour savoir si elle s'appelait *Toute-Oulide* ou *Douilha*, mais de savoir si, en 1834, la famille Almegri possédait sur la rivière Mazafran une propriété se rapprochant d'une contenance de quatre cent vingt-sept hectares en bois, jardin, terres, marais, mûriers, etc., pouvant s'appliquer au contrat du 22 janvier 1834, autre que celle qui vous occupe.

Elle n'en possédait pas d'autre, et en 1834, la propriété de la famille Almegri formait un seul tout, séparé par la rivière Mazafran, et dont l'étendue était bien supérieure aux huit hectares de terre que le sieur Bactech occupe maintenant de vous, puisqu'en 1834, elle évaluait cette contenance à cinquante paires de bœufs (qui paraissent répondre à quatre cent vingt-sept hectares).

A la vérité, le domaine dit avoir fait des concessions

à même la propriété *Douilha*, et non celle Toute-
Oulide ; mais les noms, ici, importent peu ; car, en
effet, que la propriété soit connue sous un nom ou
sous un autre, elle appartenait à la famille Almegri,
elle était située dans la vallée et sur la rivière Mazafran, et cette famille Almegri vous avait vendu et
promis une propriété de quatre cent vingt-sept hectares ; elle en avait fait une désignation qui ne peut
subsister qu'en y réunissant les cent dix hectares de
terre concédés par le domaine, et les cinquante-cinq
hectares de bois qu'il détient.

Dans les actes, il faut voir ce qu'ont voulu les parties, et tout pacte obscur s'interprète contre le vendeur ; or, le domaine, en se substituant, au moyen
du séquestre, à la famille Almegri, ne peut avoir plus
de droits qu'elle, et soutenir que vous devez vous contenter de huit hectares dix centiares, lorsqu'on vous
en a vendu quatre cent vingt-sept, et lorsque les huit
hectares que vous possédez ne sont séparés que par
la rivière Mazafran des cent dix hectares qu'il a concédés, et des cinquante-cinq hectares de bois qu'il
retient à votre préjudice ; il doit donc vous en faire la
restitution, conformément à l'article 10 de l'ordonnance du 1er octobre 1844, ainsi que de tous les arrérages qu'il a perçus, sauf à retenir pour compensation et à éteindre la rente de 50 fr., restant due sur
votre acquisition du 22 janvier 1834.

J'ai adressé une pétition dans ce but, le 14 oc-

tobre 1848, à l'administration; on devra en presser
la solution.

Si, pour échapper à cette demande, que je crois de
toute justice, le domaine objectait que vous allez ainsi faire un bénéfice assez considérable , puisqu'en
échange des 50 fr. de rente restant dus sur votre acquisition, vous auriez les huit hectares de terre dont
vous jouissez, les cinquante-cinq hectares de bois que
vous réclamez, et les 525 fr. dus pour raison des cinq
concessions dont vous vous plaignez , on aurait à répondre que cette considération serait déplacée de la
part des domaines ; que si, à l'occasion de cette propriété, vous faites par hasard un bénéfice , il en est
bien d'autres sur lesquelles vous subirez des pertes
considérables; qu'à Blidah, notamment , vous payez
des rentes pour des terrains qui ne vous rapportent
et ne vous rapporteront jamais rien ; que vous en avez
payé pour des propriétés qui semblent ne pas exister,
et qu'un bénéfice dans un cas ne sera pour vous qu'une
bien faible compensation contre les sacrifices que
vous avez dû vous imposer pour résister à tous les
vols dont vous avez été et dont on essaye encore de
vous rendre victimes.

Je dois ajouter, avant de terminer sur cette propriété, que cet arrêté du 14 août 1843 , que je vous
ai indiqué, devrait vous dispenser maintenant de subir les chances des délimitations et vérifications de
titres prescrits par les ordonnances de 1844 et 1846,
ce qui vous éviterait de donner suite à votre action du

21 octobre 1845, reprise en 1848, lorsque l'existence de cet arrêté du 14 août 1843, était ignorée.

En effet, vos titres ont été reconnus bons, contradictoirement avec le domaine, qui était votre adversaire lors de l'arrêté du 14 août 1843; et l'art. 28 de l'ordonnance du 21 juillet 1846, doit vous être appliqué; à la vérité, cet article parle de jugements ou d'arrêtés, mais si les décisions des tribunaux, rendues contre le domaine et passées en force de chose jugée, doivent produire cet effet, que la validité des titres ne peut plus être mise en question, il ne paraîtrait pas raisonnable que des arrêtés du conseil supérieur de l'Algérie ne produisissent pas un semblable effet, lorsqu'ils émanent de la principale autorité algérienne, autorité supérieure à celle des tribunaux.

Ce serait remettre en question ce qui déjà a été décidé, créer un droit exorbitant en faveur du domaine, ce que l'ordonnance de 1846, dans son esprit et dans son but, paraît avoir voulu empêcher.

Nᵒˢ 6 et 6 BIS.—JARDIN **el Yman**, A BLIDAH.

Cette propriété vous avait été vendue par 400 fr. de rente, comme contenant vingt-sept hectares : elle n'a en réalité qu'un hectare quarante-cinq ares, dont trente-un ares ont été pris par le génie militaire pour les fortifications de Blidah et l'établissement d'une caserne à la porte *Bab-el-Rabah*.

Il vous est dû pour ces trente-un ares de terre une rente de 65 fr. 56 cent., liquidée par ordonnance ministérielle du 16 mai 1845, et depuis cette époque, cependant, vous n'avez pu obtenir d'être payés, de sorte que les arrérages s'accumulent, malgré les démarches répétées que M. Savary annonce avoir faites pour toucher en votre nom.

Par la pétition du 22 septembre 1847, le payement de cette rente était de nouveau réclamé; cette demande a encore été rappelée dans une autre pétition du 17 août 1848.

Il est vraiment inconvenant et inconcevable que l'administration apporte une pareille négligence à se libérer. La faute doit en être attribuée sans doute à ses agents subalternes; mais cette négligence ou ce mauvais vouloir à régulariser les pièces à l'aide desquelles on doit vous mettre à même de toucher, a quelque chose de scandaleux et d'affligeant, qu'il faudra signaler à l'autorité supérieure, si prochainement vous n'obtenez satisfaction.

Les employés de bureaux ne changent pas, heureusement, comme les chefs de corps : ce ne sont pas des personnages politiques que le hasard des circonstances place ou emporte, et ils sont très-blâmables quand ils font preuve d'autant de négligence dans l'accomplissement de leurs devoirs.

S'il s'agissait de payer le prix de ces trente-un ares

de terre, je concevrais que le domaine se préoccupât du fait de savoir s'il existe ou non des inscriptions pour en obtenir main-levée, mais dans l'espèce il ne peut exister sur la propriété dont ces trente-un ares de terrain faisaient partie, que l'inscription d'office concernant la rente foncière dont je vous ai parlé ci-dessus, et on ne peut vous obliger à en rapporter main-levée ; il n'existe sur vous aucune saisie-arrêt, dès-lors rien ne saurait justifier les lenteurs que vous éprouvez, et on ne peut les attribuer qu'au défaut d'ordre dans les bureaux ou à la négligence coupable des employés.

A l'occasion de cette propriété El Yman, pour ce qui vous en reste, vous avez deux procès étranges avec les sieurs *Coheu-Solal* et Abenzemra, propriétaires à Alger, qui tous deux prétendent être cessionnaires, chacun en partie, de la rente de 400 fr. créée par votre contrat d'acquisition du 22 janvier et du 2 février 1834.

Il est à remarquer que ces deux individus sont encore à justifier d'un transport régulier qui les fasse propriétaires, chacun en partie, de la rente dont s'agit, ce qui ne les a pas empêchés de diriger contre vous des poursuites assez actives. Sur un mémoire spécial publié contre le sieur Coheu-Solal, pendant que j'étais en Algérie, le tribunal de première instance d'Alger, par jugement du 14 juillet 1847, a fait justice de sa ridicule procédure et des prétentions qu'il élevait alors, il en sera de même sans doute lors-

qu'il s'agira du sieur Abenzemra , qui n'est pas plus
en règle, et n'a pas de droits plus positifs et mieux
établis que ceux invoqués par le sieur Coheu-Solal.

Toutefois, comme ces deux individus avaient été
assignés devant le tribunal d'Alger, le 21 octobre 1845,
en remise de titres et en réduction de rente, faute de
contenance; qu'à raison de la situation de la propriété , ce tribunal ne pouvait être compétent, mais bien
celui de Blidah, on leur fit offrir de se régler à l'a-
miable sur la réduction que doit subir la rente en
question; vu le défaut de contenance promise ; le sieur
Coheu-Solal avait déjà reçu une leçon par le tribunal
d'Alger dans le jugement du 14 juillet 1847, on devait dès-lors espérer que tous deux comprendraient
combien il serait déraisonnable de nécessiter une nouvelle procédure pour faire ordonner une réduction
qui ne peut laisser aucun doute. Cependant, à leur
refus, il a fallu les faire assigner en octobre 1847 ,
ainsi que les anciens vendeurs, en reprise de l'instance
du 21 octobre 1845. L'action se poursuit maintenant
à Blidah.

Il est inconcevable que ces deux individus nécessi-
tent de pareils frais, car la propriété *a ou n'a* pas la
contenance promise, or c'est l'administration qui a
cadastré votre propriété et déterminé qu'elle n'avait
qu'un hectare quarante-cinq centiares ; partant il
faut bien qu'ils en subissent les conséquences, à
moins qu'ils ne se mettent en mesure de justifier que
cette opération a été mal faite, et de vous livrer la

contenance promise, moins les trente-un ares pris par le génie militaire.

D'après eux, l'ordonnance de 1844 ne leur serait pas applicable, ils ne seraient que cessionnaires, et n'auraient pas à s'occuper de vous livrer les mesures promises ; ces objections sont trop ridicules pour avoir besoin d'être réfutées. Que vis à vis de leurs cédants ces deux individus se plaignent d'avoir été trompés, ce soin les regarde ; quant à vous, ils sont les représentants des vendeurs, tenus aux mêmes obligations, et dès que la contenance promise n'existe pas, il faut que, bon gré malgré, ils subissent la réduction de leur rente, et restituent tout ce qui leur a été payé en trop et si maladroitement par les notaires chez lesquels ils ont touché, et qui eussent dû, eux-mêmes, s'apercevoir que ces individus n'avaient pas de transports réguliers, consentis par gens ayant qualité, et en justifiant d'une manière quelconque.

D'après une lettre de M. Savary du 20 février dernier, M. Abenzemra tiendrait à la totalité de sa rente, parce que, suivant lui, la rente dont il serait cessionnaire résulterait seulement d'un acte du 22 janvier 1834, par lequel on aurait acquis la propriété El Yman sans garantie de contenance, mais il oublie volontairement, le sieur Abenzemza, que ses cédants font résulter leurs prétendus droits à 133 fr. de rente, de deux actes, l'un du 24 janvier, *et l'autre du 2 février* 1834 ; que ce dernier acte fixe la contenance et qu'il ne peut échapper à ses conséquences. Le tribunal de Blidah le lui prouvera, à n'en pas douter.

Vous pourrez, pour mieux vous fixer sur le mérite de ces transports, revoir avec fruit et intérêt le mémoire relatif au sieur Coheu-Solal, et qui a précédé le jugement du 14 juillet 1847; il contient d'étranges révélations sur la forme des transports et la confiance qu'on peut leur accorder.

Avant de terminer ce qui concerne cette terre tl Yman, je crois utile de vous signaler les singuliers jugements et arrêts obtenus contre vous par le sieur Abenzemra, antérieurement à l'action dont le tribunal de Blidah est maintenant saisi.

Le 17 décembre 1845, le sieur Mohammed-Ben-Mustapha aurait cédé audit sieur Abenzemra, moyennant 650 fr., 132 fr. 30 cent. qui auraient formé son tiers dans la rente de 400 fr., créée par les deux contrats sus-énoncés, des 22 janvier et 2 février 1834.

Quant à la quotité des droits du cédant, rien ne l'établit dans cet acte du 17 décembre 1845, et on doit remarquer, en outre, que la vente du 22 janvier 1834 était faite par cinq Arabes, celle du 2 février suivant par deux autres Arabes; que rien, dans ces contrats, n'indiquait la portion de rente revenant à chacun de ces sept vendeurs.

Il est vrai que le cédant du sieur Abenzemra lui-déclara que son droit à 132 fr. 30 c. de rente résultait d'un acte de partage; mais, dans un autre acte, du

11 septembre 1843, reçu par M° Martin, notaire, à l'occasion du transport fait au sieur Coheu-Solal, du surplus de la rente en question, on y annonce un acte de partage du 26 août précédent, *en constatant qu'il contient des erreurs*, et qu'on a omis d'y parler des droits d'une dame Jemonna, une des parties ayant figuré au contrat du 22 janvier 1834.

Ces actes sont reproduits et analysés dans le mémoire publié contre le sieur Coheu-Solal ; je vous réitère que vous feriez bien de le revoir, pour vous convaincre *de l'absurdité* de tous ces *partages*, sur lesquel osaient traiter et le sieur Coheu-Solal et le sieur Abenzemra ! ! !

Le 8 janvier 1846, M. Abenzemra vous fit *assigner au domicile* de M. Savary, votre mandataire (ce qui rendait son assignation nulle, aux termes de l'art. 3 de l'ordonnance du 15 avril 1843), en payement de 533 fr. de rente.

Le 4 novembre 1846, M. Barberet répondit, en votre nom : 1° que le 24 octobre précédent, vous aviez assigné en réduction de rente devant le tribunal d'où ressortait la propriété el Yman ; 2° que l'action du sieur Abenzemra aurait dû être portée à Blidah ; 3° que si le tribunal d'Alger ne se déclarait pas incompétent, il devait renvoyer l'affaire devant la juridiction de Blidah.

Ces conclusions étaient raisonnables et prouvaient qu'à ce moment M. Barberet s'était occupé de vous.

Cependant, deux jours après, le 6 novembre, intervint au tribunal d'Alger un jugement ainsi conçu :

« Attendu que les défendeurs se bornent à refuser
« le payement de la rente, par le motif qu'ils ont in-
« tenté action en remise de titres ; que le deman-
« deur en offre la remise immédiate ; *qu'au moyen de*
« *cette remise, les défendeurs déclarent être prêts à payer ;*

« Le tribunal donne acte des offres, et condamne à
« payer 533 fr. 30 c., compense les dépens ! ! ! »

Ce jugement ne se concevait pas en présence des
conclusions si raisonnables du 4 novembre précédent,
et s'il était vrai que M. Barberet eût conclu ou fait des offres
à l'audience du 5 novembre, sa conduite serait plus
que ridicule.

J'ai vainement voulu voir au greffe d'Alger les conclusions que M. Barberet est réputé avoir prises à cette
audience du 6 novembre : il a été impossible de les
retrouver, *et il faut admettre qu'il a conclu,* parce que
le dispositif du jugement le constate, et fait foi jusqu'à inscription de faux ; mais, à cet égard, et pour
prévenir tout abus possible, il serait bien juste qu'on
obligeât les défenseurs d'Alger, comme cela se pratique en France, *à déposer des conclusions signées,* quand
ils en prennent à l'audience, de manière qu'on pût
les retrouver au besoin, et apprécier ainsi ce qu'ont
fait ces défenseurs, et qu'ils ne puissent équivoquer...

Le 1er mars 1847, M. Barberet, d'accord avec M. Savary, sans doute, fit interjeter appel de ce jugement,
qui avait été signifié le 12 novembre précédent.

Aussitôt mon arrivée à Alger, en avril 1847, je

m'occupai de ceux de vos procès qui pressaient le plus ; celui concernant le sieur Coheu-Solal était du nombre (les faits étaient les mêmes que ceux concernant le sieur Abenzemra, dont l'affaire ne pouvait venir de sitôt, puisque l'appel était du 1er mars précédent).

Le 19 avril, M. Barberet me remit à examiner ce qui constituait le dossier contre le sieur Coheu-Solal ; plus, celui relatif au sieur Abenzemra ; ayant remarqué dans ce dernier dossier un désistement de l'appel du 1er mars 1847, *désistement préparé, signé de M. Savary, sans être précédé de la copie* de son pouvoir, *mais non signifié*, je l'emportai avec moi, ne voulant pas qu'il fût signifié. M. Barberet ne me fit aucune observation, et je m'occupai de l'affaire Coheu-Solal et de quelques autres; mais du sieur Abemzemra, *pas le moins du monde !* elle ne devait pas, dans ma pensée, venir de sitôt, et je tenais à ce que l'affaire Coheu-Solal fût d'abord jugée, parce qu'elle déciderait forcément celle contre le sieur Abenzemra.

Ainsi, notez-le bien, c'est le 19 avril 1847 que M. Barberet me remettait à examiner les dossiers en question ; il avait eu l'intention d'abandonner l'appel contre Abenzemra; il avait préparé un désistement, mais ne l'avait pas signifié, ainsi je croyais vos droits entiers.

Cependant obligé, pour des motifs que je vous ai expliqués, de quitter M. Barberet pour vous adresser à M. Audebert, j'appris du principal clerc de M. Barberet, le 22 mai 1847 (deux jours avant mon retour en France), que le 22 avril précédent il s'était désisté de votre appel, le 1er mars, devant la cour d'Alger, qui en avait donné acte!!!

Assurément, voilà un fait bien extraordinaire ; M. Barberet ne savait pas, le 19 avril, qu'il s'était désisté, le 12 avril précédent!

Il s'était désisté sans aucun pouvoir, pas même de la part de M. Savary, qui n'en avait pas au moins pour se désister! Il s'était désisté sans aucun avis préalable de ses clients, du bénéfice d'un appel qui eût évidemment fait justice du singulier jugement du 6 novembre 1846, si contraire aux conclusions raisonnables qu'il avait signifiées deux jours avant, et à la date du 4 novembre!

Un pareil désistement dépassait tout ce que j'avais pu admettre de plus violent, en fait de procédure algérienne! mais je partais deux jours après pour la France, *le cœur* trop navré de toutes les fautes que j'avais remarquées faites à votre préjudice ; je n'eus pas, dès-lors, le loisir de m'occuper, avec votre nouvel avocat, de la découverte de ce fait étrange.

Mais le 4 juin suivant, j'adressai à M. Audebert une note détaillée sur cette déplorable affaire, qui pouvait donner lieu à des réflexions de plus d'un genre et à un désaveu.

J'ignore si M. Audebert aura jugé à propos de voir M. Barberet et le défenseur de M. Abenzemra, pour leur expliquer les suites que pourrait avoir pour

M. Barberet, l'arrêt du 12 avril précédent, qui avait donné acte de son prétendu désistement, dans le cas où le sieur Abenzemra voudrait se servir de cet arrêt; ce que je sais, c'est que M. Abenzemra n'a rien fait depuis, malgré l'étonnante condamnation dont il est porteur!

Aussi c'est en maintenant tous vos droits et contre le sieur Abenzemra, et contre M. Barberet, qu'on a repris, en votre nom, l'action du 21 octobre 1845, parce que si M. Abenzemra tentait quelque chose en vertu de l'arrêt du 12 avril, vous ne devriez pas hésiter à prendre un parti fâcheux, mais indispensable à l'égard de M. Barberet. Il se peut, et je le crois fermement, qu'il n'ait été que léger; mais le parquet d'Alger jugerait sans doute convenable de le forcer à expliquer sa conduite dans cette affaire, toute distincte de celle que vous avez à Blidah, et avec le sieur Coheu-Solal et avec le sieur Abenzemra, et dont je vous ai d'abord entretenus.

Ainsi, comme vous pouvez le remarquer, la propriété el Yman, qui ne vous a encore rien produit, vous a valu au moins bien des difficultés; elle a donné lieu à des actes bien étranges et à des procédures qui le sont plus encore!

N° 7. — Jardin **Mahmoud.**

Il n'y a rien de nouveau à ajouter à ce que dit, à son sujet, le rapport du 21 août 1847.

N° 10 — **Haouche-Ben-Hassem**, PRÈS MAELMA.

Cette propriété, traversée par la grande route de Coleah, et située à un kilomètre de Maelma, vous a été vendue par Emberik-Abel-al-Kador, moyennant 280 fr. de rente, et comme contenant quatre cent trente hectares.

Vous avez déjà subi bien des tracasseries à l'occasion de cette terre, pour laquelle j'ai dû publier un mémoire spécial (que chacun de vous a aux mains), contre un sieur Bacuet, grand spéculateur sur les rentes, et qui se dit cessionnaire de celle de 280 fr., sus-énoncée.

A raison des incidents bizarres qui, pour cette propriété, se sont produits depuis mon rapport de 1847; je dois entrer avec vous dans quelques développements, d'autant mieux que vous vous trouvez maintenant aux prises et avec le sieur Bacuet, et avec de nouveaux adversaires.

Les faits que j'ai à vous indiquer sont assez étranges pour mériter toute votre attention.

Par suite des divers procès que vous avez avec le sieur Bacuet, le tribunal de première instance d'Alger, qui alors en était saisi, avait nommé le sieur Dardé pour reconnaître et arpenter la terre Ben-

Hassem, afin de décider plus tard s'il y avait lieu à réduire la rente dont elle est grevée.

Le sieur Dardé avait procédé à cette opération *en présence du fils* de votre vendeur, et n'avait pu cependant constater qu'une contenance de soixante-dix-sept hectares au lieu de quatre cent trente.

Le sieur Bacuet avait interjeté appel du jugement qui avait ordonné cette expertise ; mais grâce à la vigilance avec laquelle votre ancien défenseur soignait vos intérêts, il avait laissé l'expert Dardé faire son travail, qui vous fût resté pour compte, si M. Bacuet eût pu réussir dans sa prétention, que vous deviez le payer et que la question ne devait pas le concerner.

Comme le résultat de cette opération était connu pendant que j'étais en Algérie, j'en profitai pour en demander l'homologation comme défense à l'appel dudit sieur Bacuet, et qu'en outre, la rente de 280 fr. qui vous était réclamée, fût réduite à 49 fr. par an, etc., etc.

M. Bacuet ayant critiqué l'opération du sieur Dardé, la cour d'Alger, au lieu d'adopter de suite les conclusions que j'avais fait prendre en votre nom, ordonna une nouvelle vérification par MM. Berbruger, Crestey, et le suppléant de la justice de paix de Coleah, afin de se fixer sur la question de savoir ce qu'une paire de bœufs (dans le langage Arabe) pouvait représenter d'hectares de terre près de Maelma.

Ces trois nouveaux experts firent un travail d'après lequel la terre de Ben-Hassem pourrait contenir quatre-vingt-un hectares au lieu de soixante-dix-sept indiqués par le géomètre Dardé, et de quatre cent trente, déclarés par votre vendeur.

Ces deux expertises donnaient donc un résultat à peu près égal, *sauf quatre hectares*. La conséquence, c'est qu'au lieu d'être réduite à 49 fr., la rente réclamée par M. Bacuet devait être fixée à 54 fr. environ, ce qui était bien loin de 280 fr., comme vous le remarquez.

Je supposais qu'aussitôt le résultat connu, M. Audebert, qui avait été appelé à vous défendre en remplacement de M. Barberet, se concerterait avec M. Savary, pour hâter le dépôt du procès-verbal de cette seconde opération.

C'est à ce point que commencent pour vous les bizarreries de cette étrange affaire.

D'abord les experts ne veulent déposer leur procès-verbal qu'après être intégralement payés ; M. Savary y consent, mais il exige que les honoraires réclamés et fixés à 492 fr. soient taxés; cette demande était juste et raisonnable, et prouve qu'en cette circonstance, au moins, M. Savary avait veillé pour vous.

Une correspondance s'engage, et comme M. Audebert, que je croyais s'occupant de vous activement (mais je me trompais), engageait de son côté à ce qu'on payât sans retard les experts, M. Savary fut invité à le faire, bien que la taxe par lui réclamée n'eût pas eu lieu. Elle a été opérée depuis par M. le président de la cour d'Alger; il en résulte qu'il a été payé 117 fr. 35 c. au-delà de ce qui est dû, et jusqu'à ce jour M. Savary n'a pu en obtenir la restitution ; il serait bien juste cependant que les membres du parquet vous vinssent en aide, si celui de ces experts qui a reçu 117 fr. 35 c. de trop, ne veut pas les rendre volontairement, et pour l'avenir, il devrait être interdit en Algérie, à MM. les experts judiciaires, de réclamer leurs honoraires avant de les avoir fait taxer.

Cette mesure couperait court à bien des abus de plus d'un genre, abus dont se préoccupait vivement M. de Gilardin, ancien procureur-général près la cour d'Alger, et qui devront attirer l'attention du successeur qui lui a été donné.

La révolution de février est arrivée avant que la cour eût eu à s'occuper de cette seconde expertise ; puis sans vous en donner avis, M. Audebert a quitté Alger, laissant à la Providence le soin de veiller à vos intérêts.

Dans cette position, on dut faire choix pour vous d'un nouveau défenseur près la cour, d'autant mieux que Me Blasselle, votre représentant en première instance, se trouvait ne pouvoir exercer que près cette juridiction, par le motif que, depuis février (et avec raison du reste) on a établi des défenseurs distincts près le tribunal de première instance et près la cour.

M. Villacrosse ayant été choisi pour remplacer M. Audebert, on lui adressa des instructions pour s'occuper activement de cette affaire, faire expédier la seconde expertise dont je vous ai parlé, la faire signifier à M. Bacuet, etc., etc.

Les choses en étaient là, lorsqu'à la date du 29 septembre 1848, une lettre de M. Chabert, un de vos représentants, vient nous apprendre *que M. Rosier, un des nouveaux membres de la direction civile*, venait de procéder à la délimitation et à la reconnaissance de la terre de Ben-Hassem ; que, d'après son travail, elle n'aurait que *trente hectares au plus*, dont 48/50ᵐᵉˢ, moitié environ, étaient réclamés par M. Bruat, propriétaire à Alger (voisin de votre terre n° 49), comme les ayant acquis d'un Arabe, autre que votre vendeur ; qu'on devait compter que sa prétention serait admise ; que dès lors vous auriez, en définitive, une mauvaise propriété de quinze hectares environ, consistant en rochers à peu près inaccessibles, et ne produisant absolument rien.

En présence de pareils renseignements, confirmés depuis par M. Savary, j'écrivis à M. Villacrosse de suspendre toutes procédures contre le sieur Bacuel ; car avant d'en revenir devant la cour d'Alger, il faut bien qu'on sache à quoi s'en tenir sur la contenance que devra définitivement avoir cette terre Ben-Hassem, et si vous en serez réduits à quinze hectares au lieu de quatre cent trente promis par votre contrat, de soixante-dix-sept trouvés par le géomètre Dardé, et de quatre-vingt-un indiqués par le travail de MM. Berbruger et joints.

Ce n'est pas tout, j'ai cru devoir adresser une réclamation à la direction civile, afin d'obtenir qu'avant d'homologuer le rapport de M. Rosier, elle voulût

bien ordonner une vérification nouvelle ; j'ai fait remarquer combien il serait étrange que cette propriété
eût une contenance si faible, lorsqu'en présence du
fils de votre vendeur, *qui était là pour le renseigner*, le
géomètre Dardé avait trouvé soixante-dix-sept hectares ; qu'il était à craindre que M. Rosier, appelé
tout récemment à la direction civile, n'eût été trompé
en se livrant à une opération de cette nature, étrangère à ses anciennes habitudes ; qu'on avait à redouter des prétentions qui pourraient bien n'être pas
fondées ; enfin, j'ai supplié qu'on examinât avec un
soin très-scrupuleux les réclamations formées par
M. Bruat, dont jamais il n'avait été question.

Dans le rapport de 1847, il était bien question d'un
sieur Vague, dont M. Savary avait parlé ; mais de
M. Bruat, pas un mot. Il est assez étrange, du reste,
que depuis un an M. Savary n'ait pas trouvé le moyen
de voir M. Vague, qui habite Alger, de le faire s'expliquer sur sa réclamation ; du reste, comme il paraît
n'en pas élever maintenant, cette négligence ne peut
occasionner aucun mal ; il n'y a plus, pour le moment, qu'à s'occuper de M. Bruat.

Il semble que M. Bacuet devrait bien, dans une
semblable position, apparaître de son côté afin de
s'expliquer, et avec la direction civile, et avec M. Bruat ;
car si la terre Ben-Hassen ne doit vous être livrée qu'a-
vec une contenance de quinze hectares, ce que la décision de la direction civile vous apprendra, la rente
de 280 fr. stipulée dans le contrat de 1834, et qui a

donné lieu à tant de difficultés, devra subir une
énorme réduction. — Mais M. Bacuet ne donne pas
signe de vie, et cependant il est sur les lieux et ne
peut ignorer la réclamation actuelle de M. Bruat.

On verra plus tard à s'occuper de M. Bacuet ; quant
à présent, cependant, il me paraîtrait juste que le
parquet d'Alger cherchât à éclaircir le mystère qui
semble envelopper toute cette affaire, car je n'ai pas
terminé le récit des faits étranges qui s'y rapportent.

Dans le rapport du 21 août 1847, je vous indiquais
que M. Larible ayant été visiter la terre de Ben-Hassem, y avait remarqué une étendue de quinze hectares en très-bons foins ; qu'il s'y était rendu peu de
temps après pour les vendre au sieur Hoffer, un de
vos fermiers, mais qu'arrivé sur les lieux il avait
trouvé la récolte faite sur l'ordre du maire de Maelma, qui considérait cette terre comme appartenant
à sa commune.

Dans la pétition du 22 septembre 1847 (dont l'administration ne s'est pas encore occupée), nous demandions contre cette commune la restitution du
prix de ces foins comme vendus à votre préjudice.

Depuis, et le 22 mai 1848, M. Chabert, votre
mandataire, s'étant rendu sur les lieux pour tâcher
d'utiliser la récolte des foins de cette année, et s'é-
tant adressé au maire de Maelma, ce fonctionnaire
lui déclara que cette terre était un bien communal
donné à la municipalité de Maelma par le bureau des
domaines de Douera. De suite M. Chabert se rendit

chez le receveur des domaines de cette résidence pour avoir une explication, mais il ne le trouva pas parce qu'il était parti pour Bouffarick.—(La maladie que M. Chabert a éprouvée depuis cette excursion l'aura sans doute empêché de couler à fond ce qui a trait à cette prétention de la commune de Maelma.)

Il y a dans tout ce qui précède des complications vraiment étranges, et qui devraient bien provoquer la plus sérieuse attention de la part de l'autorité!!!

Lors de l'expertise faite en 1846, par le sieur Dardé, il se rendit à Ben-Hassem, à plusieurs reprises, et à Maelma; M. Savary l'accompagnait, ainsi que plusieurs Arabes et des indicateurs; son opération n'a pu avoir lieu sans être connue du maire de Maelma, qui à cette époque ne parla pas des prétendus droits de sa commune?

M. Savary parla plus tard de prétentions que pourrait élever M. Vague, mais il ne dit pas un mot, soit du maire de Maelma, soit de M. Bruat.

Votre procès avec le sieur Bacuet a été fort connu à Alger, où le mémoire, publié en votre nom, fut répandu; M. Bruat n'a pu faire autrement que d'en être informé, et cependant il n'a réclamé que lorsque M. Rosier s'est présenté au nom de la direction civile, pour procéder à l'opération prescrite par l'ordonnance de 1844.

Maintenant on se demande comment M. Bruat, qu'on sait très-soigneux de ses intérêts (il vous l'a prouvé lors de la délimitation de la propriété Kodja-

Berry-Saint-Charles, n° 49), et qui habite Alger, ne s'est pas occupé depuis plusieurs années d'utiliser la terre Ben-Hassem, sur laquelle il *prétendait avoir des droits !* Comment il a laissé le maire de la commune de Maelma en vendre les foins, quand lui, M. Bruat, avait tant de moyens d'en tirer parti, et possède à peu de distance un domaine considérable (la terre Kadri).

Comment se fait-il qu'ayant des communications faciles, il ait ainsi négligé d'utiliser une propriété sur laquelle vos prétentions ne pouvaient le gêner, puisque c'est en 1847, et pour la première fois, que M. Larible avait songé à en utiliser les foins à votre profit !

Oui, tout cela est étrange, et dans ma pensée, c'est un devoir d'honneur pour l'administration civile et pour la justice, d'éclairer un pareil gâchis, de chercher et de vouloir connaître la vérité; de mettre en présence : 1° le maire de Maelma; 2° le receveur des domaines de Douera, afin de connaître à quelle époque la terre Ben-Hassem aurait été abandonnée à la commune de Maelma; 3° M. Bruat, pour qu'il indiquât de qui il a acquis, et à quelle époque; comment, depuis son acquisition, il aurait ainsi négligé de s'en occuper ; 4° votre vendeur (ou son fils, qui existe, puisqu'il a accompagné M. Dardé, en 1846), afin qu'il expliquât comment il a vendu, en 1834, comme lui appartenant exclusivement, un domaine dont M. Bruat dit avoir acquis 48/50ᵉˢ d'un autre Arabe. — On éclaircirait ainsi tout ce que cette affaire présente de *plus que suspect*; et la présence de M. Bacuet devant l'administration ne serait pas inutile pour arriver à la découverte de la vérité.

Maintenant, sans doute, M. Bacuet devra comprendre combien sa conduite a été déplorable envers vous, lorsqu'il voulait vous contraindre à lui payer 280 fr. de rente pour un domaine dont vous ne jouissez pas encore, après tant de tribulations, et qui doit se trouver réduit à quinze hectares au lieu de quatre cent trente!! Du reste, la cour d'Alger lui fera plus tard justice, lorsque le moment sera venu pour M. Villacrosse d'en revenir, en votre nom, devant elle.

En présence de pareils faits, les magistrats d'Alger regretteront sans doute d'avoir, dans des cas pareils, condamné les débiteurs de rentes à payer, malgré leur déclaration qu'ils n'étaient pas en possession des immeubles prétendus grevés; qu'ils ne les connaissaient même pas, etc., etc., et vous trouverez plus d'un équivalent dans ce que j'ai encore à vous dire!

Nos gouvernants, s'ils avaient le temps de lire de pareils détails, y verraient la preuve qu'on devrait modifier l'ordonnance de 1844, et défendre aux marchands de rentes de poursuivre leurs débiteurs, avant qu'ils ne les aient mis en possession des biens à raison desquels ils se prétendent créanciers, et avant aussi que la direction civile n'ait statué sur la validité ou l'invalidité des titres d'acquisition.

Enfin, messieurs, il vous faut maintenant attendre la décision de l'administration ; plus tard vous en reviendrez à M. Bacuet, et votre compte avec lui devra être sévère, car il vous a poursuivis avec un acharnement bien coupable !

Nº 11. — Jardin Ali Temturier, a Blidah.

Au lieu de trente-deux hectares quatre-vingt-trois ares, comme le portait votre contrat, cette propriété ne contient que soixante ares, d'après le plan cadastral des biens de Blidah. — Et cependant vous avez payé, jusqu'au 15 juillet 1840, 180 fr. de rente pour une propriété qui n'a pas la 50ᵐᵉ partie de la contenance qu'on vous avait promise.

Comme le domaine a séquestré sur votre vendeur la rente de 180 fr. sus-énoncée, c'est avec lui qu'on doit faire subir à cette rente la réduction prescrite par l'ordonnance du 1ᵉʳ octobre 1844, en conséquence de l'action que vous avez formée dans ce but, le 21 octobre 1845.

Comme il n'y a pas de débat possible, sur votre droit à cette réduction, j'avais demandé, dans la pétition du 22 septembre 1847 (où elle forme le nº 4), que l'administration se réglât à l'amiable et sans frais à cet égard, et que la rente fût éteinte, puisqu'elle ne pourrait être que de 3 fr. 35 c. par an, au lieu de

4

180 fr., par vous payés jusqu'en 1840 (ce qui vous rendrait maintenant créanciers sur votre vendeur, s'il reparaissait). Malheureusement l'administration, comme je vous l'ai dit, ne s'est pas occupée de cette réclamation si simple et si incontestable, et on a dû reprendre votre instance de 1845, pour en éviter la péremption.

Mais votre mandataire à Blidah, en rappelant à l'administration des domaines, le n° 4 de cette pétition du 22 septembre 1847, devra, sans aucun doute, obtenir la terminaison de cette affaire, et l'extinction de la rente de 180 fr. dont s'agit, sans qu'il soit nécessaire de donner suite à votre reprise d'instance, ce qui grèverait l'état de frais inutiles, frais que ses agents voudront sans doute lui éviter.

N° 12. — Terre **Marman.**

Cette terre, située dans le voisinage de Blidah, dans une position avantageuse, vous avait été vendue comme contenant quatre mille cent cinquante hectares, moyennant 540 fr. de rente, payés jusqu'au 28 janvier 1841.

A part des procès, elle ne vous a rien produit jusqu'à ce jour !!!

Comme je vous l'ai dit, dans le rapport de 1847, M. Sionville, propriétaire à Alger, étant devenu ces-

sionnaire, moyennant 3,000 fr., et de ladite rente
de 540 fr. et d'arrérages qu'on lui déclarait dûs depuis
dix ans, bien qu'ils eussent été payés jusqu'à 1841,
vous fit assigner en payement et en résolution de
contrat; sur cette instance, lors de laquelle vous dé-
clariez ne pas être en possession de la terre de Marman, que M. Sionville devait d'abord vous en mettre
en jouissance, et vous livrer la contenance promise, etc., etc., une expertise fut ordonnée par le
tribunal civil d'Alger, et fit connaître qu'au lieu de
quatre mille cent cinquante hectares, cette propriété
n'en contenait que sept cent trente-six.

Je profitai de mon séjour à Alger pour rédiger sur
cette affaire un mémoire (que vous avez aux mains)
et par suite duquel intervint, le 16 juillet 1847, jugement qui réduisit à 166 fr. la rente réclamée par
M. Sionville, au lieu de 540 fr., et le condamna
aux dépens jusques et y compris ceux d'expertise, qui
s'élèvent à 1,981 fr., etc., etc.

Dans ma conviction profonde, le jugement contient
une véritable erreur judiciaire, en ce qu'il n'a pas de
suite prononcé à votre profit la restitution de ce que
vous aviez payé en trop depuis 1834 jusqu'à 1841,
en vous autorisant à le compenser contre le capital
même de la rente, que le tribunal décidait ne pouvoir
excéder 166 fr., à raison de la différence trouvée
entre la contenance réelle et celle vendue.

En effet, vous aviez jusqu'à 1841 payé 540 fr., dans
la pensée que la propriété qui vous avait été vendue

avec garantie, contenait quatre mille cent cinquante hectares; le tribunal ayant la preuve qu'elle n'avait que sept cent trente-six hectares, et réduisant la rente de 540 fr. à 166 fr. par application de l'ordonnance de 1844, eût dû, pour être conséquent et logique, ordonner la restitution de tout ce que vous aviez payé jusqu'à 1841, au-delà de 166 fr. par an; vous autoriser à le compenser d'abord contre les arrérages encourus depuis 1841, sur le taux de 166 fr., et vu l'insuffisance, *sur le capital même de la rente,* sauf à M. Sionville à recourir à ses périls et risques contre ses cédants.

Le tribunal en a décidé autrement, comme si vos droits pouvaient varier, parce qu'il a plu à M. Sionville de se substituer à vos vendeurs!!

C'est là une erreur grave, sur laquelle il y aura lieu de revenir plus tard.

Outre ce procès avec M. Sionville, vous en aviez un autre avec des sieurs Faisse et Coin, voici dans quelles circonstances:

Avant que l'expertise ordonnée contre le sieur Sionville ne fût achevée, M. Savary espérait, d'après l'indication de l'expert, que la terre de Marman pourrait contenir huit cents hectares, et l'avait louée en votre nom auxdits sieurs Faisse et Coin, qui espéraient *vous exploiter,* et non la *terre qu'ils louaient.*

En effet, sans avoir rien fait pour occuper cette propriété, ces individus, sous le prétexte qu'elle ne contenait que sept cent trente-six hectares au lieu de huit cents, *comme* ils avaient dû y compter, etc., etc., vous firent assigner en résiliation du bail, et en payement de 20,000 fr. de dommages-intérêts.

Un premier jugement, rendu par défaut, avait prononcé cette résiliation, et avait prononcé une condamnation de 2,000 fr. de dommages-intérêts, mais il a été rapporté par un autre, du 18 mai 1848, sur l'opposition que j'y avais fait faire en votre nom, et qui a fait justice de la déplorable spéculation tentée à vos dépens.

Mais ce n'est pas tout; lors du voyage de M. Larible en 1847, il avait trouvé une famille arabe installée sur la terre de Marman, qui était et est encore cultivée; il croyait qu'il suffisait de se présenter pour que ces Arabes s'empressassent de déguerpir.

Dans la pétition du 22 septembre 1847, je demandais que l'autorité voulût bien intervenir officieusement pour vous aider à vous mettre en possession, et ne pas vous mettre aux prises d'une manière directe avec les Arabes.

Plus tard, M. Chabert, votre mandataire à Blidah, fut invité à s'adresser à M. le commandant du bureau arabe, pour qu'il voulût bien faire venir devant lui ces Arabes et les engager à se retirer; résultats qu'on n'a pu obtenir, parce que *Sid Ali-Embarek*, qui s'est établi avec sa famille sur cette propriété, a *déclaré en être propriétaire et ne l'avoir jamais vendue*, de sorte que si cette allégation était vraie, vous n'auriez rien à espérer de la terre de Marman, vous auriez payé

540 fr. de rente jusqu'en 1841 en pure perte, et vos procès avec M. Sionville ne vous conduiraient à rien, qu'à beaucoup de désagréments et de faux frais.

Dans cette position, comme Sid Ali-Embarek ne peut être cru sur parole, et qu'il faut bien qu'il établisse à quel titre il possède Marman, depuis quand il y est installé, on le fit citer devant M. le juge de paix de Blidah, dans l'espoir qu'il ferait des justifications, et que sans doute il reconnaîtrait vos droits.

Sid Ali-Embarek s'est présenté avec cinq autres Arabes, qu'il a dit être ses co-propriétaires, et M. le juge de paix n'ayant pu rien obtenir, on les a fait assigner devant le tribunal de Blidah, ainsi que M. Sionville, pour qu'il ait à prendre votre fait et cause, et à faire valoir vos droits, puisqu'il est représentant de vos vendeurs, et, à ce titre, tenu, *s'il veut conserver sa rente de 166 fr.*, de vous faire jouir de la propriété à raison de laquelle elle serait due.

Vous pourrez lire au secrétariat les termes dans lesquels est conçue la demande que vous avez formée à ce sujet.

Ce procès est grave et mérite vos sérieuses préoccupations ; la terre de Marman est, quoique réduite à sept cent trente-six hectares, une des plus belles propriétés de la Mitidja, et M. Sionville, pour vous la conserver, justifiera sans doute d'actes et de titres qui puissent faire repousser l'étrange *prétention de Sid Ali-Embarek* et joints. — Autrement, il encourrait une très-grave responsabilité ; il ne lui suffirait pas de répondre, comme il l'a déjà fait, qu'il a égaré les anciens titres, parce qu'on pourrait supposer ainsi une connivence coupable entre lui et la famille Embarek, et le parquet de Blidah vous viendrait sans doute en aide pour chercher, de son côté, à établir la vérité dans ce chaos!! D'anciens titres se perdent difficilement chez un notaire, surtout lorsque ces pertes ne couvrent pas des combinaisons coupables!!

A cet égard, il vous faut attendre l'issue de ce procès, dont le résultat vous éclairera sur la conduite que vous devrez tenir vis-à-vis de M. Sionville.

Cette affaire est encore une preuve nouvelle du vice de l'ordonnance de 1844, qui permet aux acquéreurs de rentes de se faire payer avant même d'avoir mis les acquéreurs de biens en possession des domaines dont ils ont voulu devenir propriétaires!

Vous avez acquis en 1834, vous avez payé jusqu'en 1841; depuis, vous avez été poursuivis, vous plaidez encore, et vous ne jouissez de rien!

Dans cette circonstance, il serait bien à désirer que la direction civile pût s'occuper de suite de la délimitation de la terre de Marman, et de la validité des titres; car au moment de cette opération, il faudra bien que Sid Ali-Embarek et joints justifient sur quels actes ils fondent leur prétendue propriété; que M. Sionville, de son côté, établisse aussi les droits que devaient avoir, en 1834, les Arabes qui vous ont vendu, et qui depuis lui ont cédé leur rente de 540 fr.

Or, vous attendez cette opération de délimitation

depuis le 8 février 1847, et vous devez être bien impatients qu'elle ait lieu, afin de savoir si on vous a volés en 1834, ou si, au contraire, Sid Ali-Embarek et joints se sont emparés, sans droit, d'une terre qui devrait vous être restituée.

Patience donc, et espoir; mais M. Sionville fera bien de veiller pour vous, et l'administration devrait bien vous subvenir, afin de ne pas faire attendre plus longtemps une opération dont l'issue peut avoir pour vous de si grandes conséquences!

Avant de terminer, pour ce qui concerne cette propriété de Marman, et les prétentions soulevées par *Sid-Embarek et joints*, je dois vous engager à lire, au secrétariat, le mémoire que je publiai en 1847 contre le sieur Sionville; vous y verrez que *vos vendeurs originaires* étaient au nombre de cinq, et que cependant, le 16 août 1842, et par acte devant Mᵉ Liautaud, notaire à Alger, une dame *Zhora-Ben-al-Hadj-Oauli*, se disant seule propriétaire de la rente de 540 fr. créée en 1834, en avait fait seule le transport au *sieur Sionville*.

Ce transport *me parut* (et *me* paraît encore) fort irrégulier; il donna lieu au procès décidé contre le sieur Sionville, par jugement du 14 juillet 1847, qui réduisit sa rente à 166 fr.; il sera important pour vous que votre défenseur à Blidah revoie avec soin ce que je disais dans ce mémoire, car j'y relevais plus d'un *fait étrange*, et sur le transport en lui-même et sur une décision du cadi Meleki, du 11 août 1842, qui aurait consacré les prétendus droits de *cette dame Zhora,* et M. Sionville sentira sans doute la nécessité de s'en expliquer pour repousser les prétentions actuelles de *Sid-Embarek et joints.*

J'avais terminé le mémoire contre le sieur Sionville, par une réflexion générale, que je crois utile de re-produire ici, car elle avait en vue une amélioration dans la rédaction des actes arabes, et prouverait, au besoin, que ce n'est pas d'aujourd'hui que la com-pagnie Rouennaise-Algérienne se préoccupe d'amé-liorations en Algérie; que tout en y défendant ses intérêts, elle aurait à cœur de servir aussi ceux de ce pays.

Sans doute, on retrouvera dans cette reproduction l'impression de sentiments qui m'étaient personnels sur le chef *du gouvernement d'alors* et sur sa famille; mais ces sentiments, je ne les *désavoue pas,* car (tout soumis que je sois aux lois actuelles de mon pays), ils étaient alors les miens, et je n'ai pas à les cacher maintenant, car je n'oublie pas le lendemain mes affec-tions de la veille.....

Voici du reste la reproduction de cette partie du mémoire; elle indiquera ce que présentent d'étrange, pour nous, les actes arabes; et c'est *dans cet unique but* que je la *consigne ici :*

Copie de l'acte, sans date, qui se trouve à la suite de la signification faite au nom du sieur Sionville, et servant, dit-on, à prouver la validité de son opération :

« Louanges à Dieu ! Après la passation de ce qui
« précède, résultant du jugement rendu par qui est
« dit, en faveur de qui est dit, et par ce qui est
« expliqué, suivant les termes sus-avancés, comme
« il appert par entière évidence, et, en cet état de
« choses, ceux dont le nom est inscrit au bas de la
« date de cet acte, ont porté leur témoignage, qu'ils
« ont des honorables personnes qui sont : 1° la dame
« Zhora; 2° Fatma; 3° Khadoudja, filles de Sidi-
« Moussa-ben-Bahia; 4° Mohammed-ben-Moussa-ben-
« Yahia; 5° Khadoudja-ben-Moussa-ben-Yahia; 6° et
« Mérionma-ben-Soliman, tous dénommés dans le
« troisième acte ci-dessus.

« Cette connaissance est complète, bonne et vala-
« ble, pouvant faire foi en justice; ils ont déclaré
« que les sus-nommés sont décédés les uns après les
« autres, sans postérité, à l'exception de la dame
« Mérionma, qui, en décédant, laissa deux enfants,
« qui sont Ahmed et Yzora, dénommés dans ce
« deuxième acte précédé; ledit Hamed décéda, et sa
« succession passa à sa sœur, ladite Yzora, dé-
« nommée dans ledit acte, de sorte que l'habbous de
« l'haouche, situé, partie sur le district de la Chiffa,
« et partie aux fontaines de Beni-Solah et autres, se
« trouve dévolu à la dame Zhora, sans autres.

« Le tout est connu, dit en leur pleine et parfaite

« connaissance, sans qu'ils en aient ombre de doute.

« C'est pourquoi nous avons, ici, pris note de leur
« témoignage, en ayant été requis à la date du 4e
« jour de bedjel 1248 (11 août 1842). Témoins ins-
« crits : 1° Reis Osman, el Hanéfi, passementier;
« Ben Yousseff; 2° Sid Mohammed, crieur public;
« Ben-Ahmed; 3° Hamman, barbier; Ben-Ali, connu
« sous le nom de Ben-Corbia; 4° Adj-Ali-Ben-Abd-el-
« Rahman. Louanges à Dieu!

« L'acte noté ci-dessus (ou dessous) a été ratifié
« devant le scheick, l'iman, le savant des savants,
« cadi Maleki actuel d'Alger, qui a inscrit son nom,
« entouré de son paraphe..... Cette ratification est
« complète et légale devant la loi.

« Les deux témoins soussignés ont, en faveur dudit
« cadi, en ce qui le concerne, porté leur témoignage
« étant dans l'état légal; ils en ont pris connaissance,
« en date que dessus. Témoins : signé Mahommed-
« Omar, que Dieu le favorise de sa bonté! — Dont
« traduction conforme à l'original. Coût : 7 fr. 50 c.
« —Alger, 12 août 1842, et par (suit un mot illisible),
« cejourd'hui, 10 septembre 1842. — Signé At-
« TARD. »

Cet acte, dont nous venons de donner la copie,
prouve, à ce qu'il paraît, d'une manière suffisante, le
droit de Mme Zhora à la propriété de la rente par elle
cédée, et établit d'une manière convenable sa qualité
de seule héritière de toutes les personnes qui, en 1834 et
1837, ont consenti la vente de l'haouche Marman.

On doit remarquer que si, à la suite du transport fait, le 16 août 1842, par Mme Zhora à M. Sionville, on était venu, parlant de cet acte, *dire qu'il était valable*, qu'il en est question devant le cadi Maleki, on comprendrait, jusqu'à un certain point, sa signification.

Mais, c'est le 11 août 1842 que cet acte paraît avoir été dressé ; son contexte semble se rattacher à d'autres actes arabes ; mais nous ne les connaissons pas, *et, sans plus de commentaires sur d s formules* que nous ignorons, nous indiquons la copie que nous avons aux mains.

Nous voyons bien, dans la mention de l'acte de transport, que trois témoins ont attesté l'individualité de la dame Zhora ; mais nous aurions désiré, qu'en même temps, ils pussent attester qu'elle était bien *l'unique, la seule héritière* de tous ceux qui avaient vendu Marman en 1834 et 1837 !!!

Nous soumettons cette première observation aux lumières des magistrats de l'Algérie !!!

Maintenant, qu'on veuille bien m'en permettre une autre, que voici, et qui ne m'est suggérée que dans le but unique de provoquer leur attention sur une amélioration qui me semblerait possible et profitable, surtout aux Arabes, qui sont à jamais incorporés à la grande famille française.

En respectant les habitudes qui leur sont propres (de même qu'on respecte leur religion), ne pourrait-on pas leur faire comprendre qu'appelés à vivre avec nous, à avoir des intérêts communs avec les nôtres, il leur importe de donner aux actes qui sont reçus par les divers fonctionnaires, chargés de recevoir les déclarations et les conventions qui les concernent, une tournure qui les rapproche davantage des idées admises en France, afin que, lorsqu'ils ont une vente à consentir, un transport a faire, chacun puisse traiter avec une égale confiance, une entière sécurité.

Leurs scheicks, leurs cadis sont des hommes de science (cela peut être, puisque la découverte de l'algèbre est due, dit-on, aux Maures d'Espagne); ils devraient, dès-lors, comprendre facilement l'utilité de rapprocher les actes qu'ils rédigent de nos formes françaises, tout en conservant le style qui leur est propre. Les transactions qu'ils ont à faire avec des Français deviendraient bien plus faciles.

Dans les premières années qui ont suivi 1830, les Arabes ne pensaient pas que nous resterions chez eux, et beaucoup d'entre eux ont été mal inspirés en vendant leurs propriétés; *mais tous ne l'ont pas fait; pour beaucoup, il s'agit maintenant de profiter de nos lois douces, protectrices,* qui doivent leur sembler bien préférables aux vexations, aux rapines de leurs anciens chefs. Ils peuvent maintenant posséder sans crainte de se voir dépouiller d'une manière arbitraire, *vendre ou acquérir,* nos lois les protègent; ils savent que la nation française est grande et forte, que ses enfants sont braves et dignes de leurs ayeux, que les triomphes de Louis XIV ont été effacés par ceux de la république et de l'empire ; *qu'Isly a dignement répondu aux prodiges de Valmy, des Pyramides et d'Austerlitz ;* ils savent que si nous aimons la paix, nous ne redoutons pas la guerre; ils savent que nous aimons la justice, et les enfants du prophète adorent la justice; aussi, sur les bords du Nil, leurs co-religionnaires avaient-ils donné à notre *Desaix (un des noms les plus glorieux)*, *le surnom immortel de sultan juste ! ! ! Mais le roi des Français, notre bon sultan à nous,* aime aussi la justice; *il la veut partout, il la veut pour tous, Français ou Arabes !* il est fort, notre sultan; car il est appuyé sur une nation brave et juste. Les fils de notre roi sont braves aussi; *les Arabes les ont vus au combat !*

Sans doute, il y a dans cette nation des membres impurs, mais quel est le peuple qui n'a pas aussi sa part des faiblesses humaines? *Il y a chez tous quelques âmes de boue,* mais ils forment l'exception, le reste est honnête, et en France, c'est le plus grand nombre.

Est-ce qu'en faisant aux divers cadis, scheiks, etc., des Arabes, quelques observations mieux appropriées, quant aux expressions, que celles qui précèdent, on n'arriverait pas à les convaincre qu'il leur importe, quand ils reçoivent des actes, *de leur donner une date ;* qu'ils indiquent d'une manière plus en rapport avec nos habitudes, les qualités précises de ceux qui vendent, comment ils sont devenus propriétaires? à quelle époque? de qui ils tiennent leurs droits? si c'est comme enfant, l'époque du décès de leurs auteurs, etc. En leur donnant à tous des formulaires, ne pourraient-ils pas les suivre ?

En le faisant, pourraient-ils croire qu'ils font quelque chose de contraire aux lois de leur prophète, puisqu'il ne s'agirait en rien de porter atteinte à leur culte, à leur foi, à leur style habituel ? En quoi des énonciations plus précises et plus claires pourraient-elles leur paraître pénibles ?

Mais ce serait par intérêt pour eux et tous les leurs qu'on les engagerait à se rapprocher de la forme de nos actes, parce que, s'ils y arrivaient, au lieu de ne traiter qu'avec des difficultés extrêmes, qu'on exploite contre eux, ils trouveraient plus facilement à traiter avec d'honnêtes gens, que la forme obscure de leurs actes empêche de le faire, parce qu'ils n'y trouvent pas la sécurité qu'ils désirent.

Or, la justice, la probité ont des lois immuables, qui sont les mêmes partout. Le dieu des chrétiens et le dieu des Arabes font, à cet égard, les mêmes prescriptions. Pourquoi ces derniers ne se rangeraient-ils pas à des habitudes qui nous prouveraient qu'ils entendent la probité comme nous; que, comme nous, ils veulent la sécurité dans les conventions.

Nous désirerions bien qu'ils comprissent ce langage, et que Dieu les favorise, comme nous désirons, *nous, et bien ardemment, que notre Dieu à nous, le dieu des chrétiens, nous favorise et qu'il nous protège maintenant et toujours !*

C'était au mois d'avril 1847, à Alger, que je tenais ce langage; et depuis, je n'ai pas appris que les actes *arabes* aient revêtu une forme plus *raisonnable*, *plus intelligible*, et cependant combien *il y aurait à faire à ce sujet*, *si le gouvernement avait le temps* de s'en occuper!!!

N° 13. — JARDIN **Fatima**, A BLIDAH.

Cette propriété vient d'être louée 50 fr. par an, d'après une lettre de M. Chabert, du 4 août 1848. Elle forme une de vos plus déplorables acquisitions, car elle ne contient que trente-deux ares, et est grevée d'une rente de 180 fr., maintenant due à M. Goby, propriétaire à Blidah, qui l'a acquise moyennant 900 fr.; avec les arrérages qui en étaient échus, et a touché, par *les arrérages seuls*, dus au moment de son transport, plus que les 900 fr. qu'il dit avoir versés, de sorte que sa rente de 180 fr. ne lui *coûte absolument rien.*

Vous aviez avec M. Goby un procès qui a été résolu contre vous par un arrêt de la cour d'Alger, du 4 octobre 1848, arrêt qui me paraît tout à fait en opposition avec les principes qui régissent l'Algérie.

Un mot à ce sujet.

Vous ne refusiez pas de payer la rente de 180 fr., réclamée par M. Goby; mais vous vouliez qu'il justi-

fiât, conformément aux ordonnances de 1844 et de
1846, d'anciens titres de propriété de votre immeuble
de *trente-deux ares;* cette production était d'autant plus
utile, que vos voisins ayant pu augmenter leurs propriétés aux dépens de la vôtre (ainsi que cela ne se
pratique que trop souvent en Algérie), vous auriez pu
puiser, dans des actes réguliers *et probants,* des ar-
guments que vous auriez pu opposer à des tiers.

Le tribunal de Blidah avait décidé que vous deviez payer M. Goby, parce qu'il déclarait que les titres
réclamés en votre nom étaient joints à la minute du
transport qui lui avait été consenti.

Vérification faite depuis, on avait découvert que
ces prétendus titres n'*étaient que des copies de copies,*
et non des titres dans le sens de la loi. Par suite,
M. Savary avait fait interjeter, en votre nom, appel
du jugement du tribunal de Blidah.

M. Audebert avait reçu l'ordre de se constituer pour
vous et de s'occuper de cette affaire; mais, à ma grande
surprise, il avait quitté Alger sans avoir rien fait, et
un premier arrêt par défaut fut rendu, malgré l'observation qui fut faite en votre nom, que vous étiez sans
défenseur, le vôtre ayant quitté l'Algérie récemment,
et n'étant pas et ne pouvant être encore remplacé.

Aussitôt informé de cet arrêt, M. Villacrosse fut
prié d'y former opposition, et de se constituer pour
vous. *Il alla de sa personne vérifier et lire ces prétendus*
actes annexés à la minute du transport invoqué par
M. Goby. *Devant la cour,* il put affirmer que ces pré-

5

tendus *actes* n'étaient que *des copies de copies*, et non *des titres*, que les copies ne pouvaient satisfaire aux prescriptions des ordonnances précitées et à celle du 2 novembre 1846.

La cour n'en persista pas moins à confirmer purement et simplement le jugement rendu à Blidah.

Cet arrêt est regrettable; il s'ensuit, s'il n'est cassé, que les ordonnances sont interprétées d'une manière toute différente, suivant qu'on procède devant les tribunaux et devant l'administration, qui, elle, n'admet que *des titres*, et non *des copies de copies.*

Il ne peut cependant y avoir ainsi *deux poids* et *deux mesures*, et *le gouvernement* devrait bien s'occuper de remédier à un pareil état de choses.

Nᵒˢ 14 et 20. — Terre **Ben-Negro.**

Cette propriété continue d'être occupée par le sieur Hoffer, qui en sous-louait une très-petite partie, moyennant 800 fr. par an, à un jardinier; en 1847, il a eu le tort de vouloir s'occuper aussi de jardinage, et paraît ne pas avoir réussi, car, par une lettre du 25 septembre 1848 dernier, il demande une réduction de 1,000 fr. par an pour son fermage.

Le sieur Hoffer et sa famille m'ont paru dignes d'intérêt; mais leur demande me paraît exagérée, vous verrez d'ailleurs le parti que vous croirez devoir prendre à son sujet.

N° 16. — **Haouh Sidi-Jeklef.**

Cette propriété, qui vous a été vendue comme contenant six cent quatre-vingt-trois hectares, est située à Mouzaïa, terroir de Oul-ed-Dicbir, paraît encore inconnue de vos représentants, bien que vous ayez payé la rente qui la grève jusqu'en 1840.

Je m'étonne que M. Savary n'ait pas cherché à s'en renseigner près des époux *Galula*, cessionnaires de cette rente, et qui doivent demeurer à Alger ; la correspondance de M. Chabert ne vous apprend rien sur cette terre. Les opérations de délimitation, lorsqu'elles auront lieu, vous la feront sans doute découvrir !!!

N° 19. — Orangerie **Ben-Sahnoud**, a Blidah, occupée par M. Bousquet.

Par la pétition du 22 septembre 1847, dont je vous ai parlé, on priait l'administration qui a séquestré, à son profit, la rente grevant cette propriété, de la compenser contre les autres rentes que vous doit l'Etat. On ne s'est pas occupé de cette pétition, et je n'ai rien de plus à ajouter pour cette propriété, à ce que vous indique le rapport de 1847.

N° 24. — TERRE el Meki.

Cette propriété, voisine de Coleah, vous avait été vendue moyennant 36 fr. de rente, et comme contenant dix paires de bœufs (ou soixante hectares) par *Hamed*, dit Ben-el-Meki et sa femme.

Aux renseignements concernant cette terre, et consignés aux pages 21 et 22 du rapport de 1847, je dois ajouter ceux qui suivent, et qui résultent d'une lettre de M. Chabert du 29 septembre 1848; ils prouvent bien de la légèreté de la part des premiers employés des domaines, ou un bien grand désordre dans les bureaux.

Il paraît qu'originairement le domaine avait séquestré cette propriété à son profit, mais que M. Desnoyers, alors votre représentant, l'avait réclamée, et que la restitution vous en avait été faite par un arrêté du conseil d'administration du 14 août 1843, sous la condition de continuer aux domaines la rente de 36 fr., restant due, d'après votre acquisition du 7 mars 1834.

Cet arrêté du 14 août 1843, aurait été annoté sur le sommier de consistance des biens du domaine dans le district de Coleah, et cependant par une légèreté

inqualifiable, cette administration aurait depuis concédé votre propriété, moyennant 15 fr. de rente,
c'est-à-dire moyennant une rente annuelle de 21 fr.
inférieure à celle de 36 fr., par vous due.

Il est assez étrange, sans doute, que postérieurement à 1843, des employés du domaine aient concédé, moyennant 15 fr. de rente, une propriété que
vous avez acquise en 1834, pour 36 fr., et que le
conseil supérieur vous avait rendue à la même condition par son arrêté du 14 août 1843; on s'explique
difficilement que la valeur de cette propriété n'eût
fait que diminuer, et on est assez porté à croire que
la concession aura été faite sans qu'on se soit rendu
compte de ce qui en faisait l'objet. Quoi qu'il en
puisse être cependant, cette concession paraît exister.

M. Savary, en ayant eu connaissance (et ignorant
l'arrêté du 14 août 1843), demanda pour vous, le 6
juin 1846, qu'on vous donnât en échange une propriété d'égale grandeur; mais le 21 août suivant on
lui répondait qu'on ne pourrait faire droit à cette demande que lorsque vos titres seraient validés.

Ici se présente une réflexion qui a son importance,
et que je crois devoir vous signaler de suite, parce
qu'elle s'applique tant à cette propriété qu'à plusieurs
autres qui sont dans le même cas, et à l'occasion desquelles le domaine a séquestré à son profit les rentes
qui les grevaient.

D'après les ordonnances spéciales à l'Algérie, les
acquisitions, pour être bonnes, doivent être appuyées

d'anciens titres antérieurs à 1830, dont l'administration seule peut prononcer la validité.

Pour profiter de l'ordonnance de 1844, vous avez , en octobre 1845 , fait assigner tous vos vendeurs en délimitation et en réduction de rentes et remise de titres , etc., ainsi que le domaine qui avait un droit de surveillance dans ces actions reprises en votre nom en 1848.

Plusieurs de vos vendeurs ayant disparu, l'État a séquestré à son profit ou leurs biens ou les rentes qui leur appartenaient , c'est donc l'État représenté par les domaines , qui maintenant se trouve tenu , comme représentant vos vendeurs , de vous remettre des titres suffisants pour que la direction civile puisse valider vos acquisitions.

Or , dans certains cas, l'État sera contre vous *juge et partie,* car si par négligence ou par une autre cause, les agents ne veulent vous aider, ni des anciens titres ni des documents que le cadastre a fournis, pour indiquer la consistance et l'origine des propriétés, faire connaître ceux qui en étaient propriétaires avant 1830, il s'ensuit que la direction civile se trouverait obligée d'annuler vos contrats , bien que , cependant, la preuve de leur validité pût se trouver enfouie dans les cartons des autres administrations ; c'est là un danger sérieux et grave , qui devrait appeler l'attention de l'autorité supérieure, d'autant mieux qu'en général, on se plaint de trouver peu d'aide et d'assistance dans la bureaucratie, lorsque , comme vous,

on n'est pas à la recherche d'une position sociale
(comme dirait Jérôme Paturot)—mais à la pêche de
ses terres.

Dans l'espèce qui nous occupe (la terre El Meki),
vos vendeurs vous avaient remis d'anciens titres, à ce
qu'il paraît, car lorsque M. Savary en a pour vous
demandé la délimitation le 8 février 1847, il a déposé
deux anciens titres arabes; quelle en est la valeur,
quel effet produiront-ils? Je l'ignore, car je n'en connais ni le contenu ni la date, et d'ailleurs la direction
civile peut seule en apprécier le mérite!

Quoi qu'il en soit, cependant, vous avez assigné,
en 1845, pour être à même d'obtenir le bénéfice de
l'ordonnance de 1844, et si maintenant le domaine,
votre seul adversaire (puisque vos vendeurs ont disparu), ne veut pas vous aider, et si par suite les actes déposés le 8 février 1847, n'étaient pas jugés
suffisants, par la direction civile, vous pourriez être
dépouillés de tout droit, sans qu'il fût pour cela établi que vous aviez mal acquis en 1834, mais par cet
unique fait, que vous ne justifierez pas de titres antérieurs à 1830.

Cependant, dans le cas particulier qui nous occupe,
je ne puis admettre qu'une semblable décision soit à
redouter; car l'arrêté du 14 août 1843 (que les employés du domaine ont eu le tort d'oublier), doit être
pour vous un titre suffisant qui vous dispense de toute
appréciation nouvelle, puisque déjà votre droit a été
reconnu et validé, et comme je vous l'ai dit à l'occa-

sion de la terre Toute-Oulide, n° 5, je ne puis admettre que vous soyez maintenant tenus à une nouvelle vé-rification de vos titres, lorsque le conseil supérieur de l'Algérie les avait déjà jugés bons en 1843. Ce se-rait remettre en question la chose jugée.

De ces considérations, je conclus : 1° que le 21 août 1846, l'administration avait tort de répondre à votre pétition du 5 juin précédent, qu'elle ne pourrait s'occuper de vous rendre une propriété de la même étendue et de la même valeur que celle qu'elle a eu le grand tort de concéder au sieur Lherondelle (malgré l'arrêté du 14 août), qu'après que la direc-tion civile aurait prononcé la validité de vos titres, et qu'il y a lieu de s'adresser à elle de nouveau, pour quelle fasse droit à votre demande de 1846, ou qu'elle vous indemnise d'une autre manière en rentes.

2° Qu'il serait ridicule qu'on vous proposât, comme on semble l'avoir fait, de vous contenter de la rente de 15 fr., due par le sieur Lherondelle, possesseur actuel de votre domaine, en continuant une rente de 36 fr., créée en 1834, parce qu'il serait absurde que vous payassiez 36 fr. par an à l'état pour vous contenter de 15 fr., lorsque c'est par la faute ou l'étourderie de ses agents que vous avez été dépouillés de ce qui vous appartenait légitimement. Un pareil calcul serait tout au plus digne d'un descendant des Cartouche ou des Mandrin; vous ne pouvez avoir à craindre qu'il soit reproduit contre vous par les représentants d'une administration sérieuse;

3° Que si les propositions qui précèdent sont exactes ; que si, sans s'occuper désormais à la direction
civile de votre demande du 8 février 1847, l'administration des domaines trouvait juste, soit de vous donner une propriété en échange de la terre El Meki,
soit de vous indemniser en rentes, l'opération devrait
se faire de telle manière que vous rentrassiez dans les
frais de vos assignations de 1845 et 1848, et que, de
suite, on éteignît, par voie de compensation, la rente
de 36 fr., créée en 1834, et dont le domaine se trouve,
comme séquestre, être votre créancier.

A ce moyen, vous seriez débarrassés et de la charge
d'une rente et de suivre votre demande du 21 octobre 1845, et celle de délimitation du 8 février 1847.

Mais, je le répète avant de terminer, il me paraîtrait convenable d'appeler l'attention de l'autorité supérieure sur la position des acquéreurs de biens arabes, lorsque, comme vous, ils ont assigné, en 1845,
des vendeurs qui ont disparu, et dont les biens ou
rentes ont été séquestrés par le domaine, qui se trouve
ainsi le seul adversaire des individus qui réclament et
leurs biens et d'anciens titres ; parce que, dans ce cas,
l'administration se trouve juge et partie, ce qui est
loin de présenter sécurité aux citoyens, surtout lorsque les agents qu'elle emploie peuvent être ou négligents ou animés du désir d'être utiles au trésor seulement.

N° 22. — **Tezmourette**, PRÈS BLIDAH.

Cette propriété, située à Blidah, en dehors du mur d'enceinte, vous a été vendue moyennant 72 fr. de rente, et comme contenant treize hectares, mais elle ne contient qu'un hectare soixante-six centiares.

Le domaine ayant séquestré à son profit cette rente de 72 fr., on demandait, par votre pétition du 22 septembre 1847, qu'il en consentît la réduction eu égard à la contenance qui existe seulement, c'est à dire à 9 fr. environ, contre le capital de laquelle rente de 9 fr. et les arrérages encourus depuis, on devrait compenser ce que vous aviez payé en trop à l'époque où vous payiez 72 fr. par an, dans la pensée que vous aviez les treize hectares promis par votre contrat.

Le domaine ne s'étant pas occupé de cette pétition, il a fallu, en 1848, reprendre votre action du 24 octobre 1845, en réduction; mais, en vérité, je ne saurais admettre qu'on vous obligeât à la suivre, car ce serait un moyen de grever l'état de frais inutiles. En effet, il a à sa disposition le plan cadastral de Blidah, ses agents peuvent alors vérifier eux-mêmes si, *oui ou non,* la terre Tezmourette a treize hectares, ou *un hectare soixante-six ares;* dans ce dernier cas, et avec l'ordonnance de 1844, la question doit être décidée sans expertise et sans frais. Il suffit que le préposé des domaines à Blidah vérifie le fait pour que cette solution ne se fasse pas attendre plus longtemps.

Je regrette que, conformément à ce qu'indique la page 23 du rapport de 1847, M. Chabert ne se soit pas assuré si, *oui ou non*, cette propriété se trouverait dans le périmètre de Blidah, parce que, si cela est, comme je le suppose, on n'aurait pas à s'occuper de la vérification de vos titres au contentieux, et on devrait retirer la demande qui a été faite à ce sujet, le 8 février 1847, n° 273.

C'est là un renseignement que M. Chabert eût dû demander et obtenir, parce que les employés ou du cadastre ou du domaine ne pourraient le refuser, sans manquer à tous leurs devoirs.

N° 24. — Terre **Tiglemas**, ou **Taguelmas-Tefaha.**

Cette propriété, indiquée comme contenant quatre cent quatre-vingt-douze hectares, serait située dans le district de Beni-Kelil. Le scheik de cette localité, auquel M. Larible s'était adressé, en 1847, avait promis de s'occuper de fournir des renseignements sur sa situation et son étendue réelle.

On n'en a pas entendu parler depuis, et MM. Chabert et Savary n'en parlent pas dans leur correspondance, de sorte que je n'ai rien à ajouter à ce sujet au rapport de 1847.

Toutefois, je ne puis croire qu'en s'adressant, soit au cadastre, soit aux domaines, on n'arrive pas à découvrir cette propriété, sur laquelle votre contrat porte qu'il y avait deux fontaines, deux cabanes en pierre, des vignes, des grenadiers, etc., etc.; à l'aide des bureaux arabes on devait trouver quelque naturel du pays, qui ait connu *Mibel-Abdel-Rahman,* votre vendeur, en 1834, et qui a réitéré en 1835, le 18 mai, devant M⁰ Martin, notaire, la vente par lui consentie en 1834.

Cet Arabe devait être aisé, à en juger par l'étendue et la nature de sa propriété, située dans une des portions du territoire le plus fertile de la province d'Alger.

Peut-être que la direction civile, lorsqu'elle s'occupera de délimitations dans ce quartier, vous mettra à même de savoir à quoi vous en tenir sur cette propriété, encore inconnue de vos représentants.

N° 25. — Maison à Blidah.

Vous verrez, par les détails consignés pour la propriété, n° 40 (ci-après), que le bail consenti au sieur Dannepont, pour chacune de ces maisons, à raison de 300 fr. par an, a été résilié en 1847 ; toutefois, il semble résulter d'une lettre de M. Chabert, du 29 septembre 1848, que cette maison, n° 25, continue d'être occupée jusqu'au 1er novembre 1849, par le sieur Delasusse, moyennant 600 fr.

Mais, dès à présent, je dois vous dire que ce qui concerne la location de ces maisons, n°s 25 et 40, doit cacher des particularités qu'il sera bon d'éclaircir.

En effet, le sieur Dannepont, votre locataire direct de la propriété n° 25, moyennant 300 fr., la sous-louait au sieur Delasusse, par le prix de 1,200 fr. (ainsi que vous l'indique le rapport de 1847), et malgré ce bénéfice de 900 fr., par an, M. Dannepont ne paraît pas avoir payé, puisqu'il a fallu faire rés'lier son bail.

Mais, ce qui me paraît plus qu'étrange, c'est que, d'après ce qui résulte d'une lettre de M. Chabert, du 19 avril 1848, le sieur Dannepont avait rétrocédé l'effet de son bail à M. Liantaud, notaire à Alger, pour le même prix de 300 fr., et c'était *en vertu d'un pouvoir* de ce notaire, qu'en 1848, ce même sieur Dannepont *gérait votre maison*, n° 25, dont l'occupation, *vous le savez*, est d'une nature plus qu'équivoque.

On peut se demander pourquoi et comment M. Liantaud, notaire à Alger (qui a chez lui, M. Savary, un de vos représentants), s'était fait céder l'effet de ce bail! Puis, ensuite, pourquoi sur les poursuites dirigées contre le sieur Dannepont, le seul que vous pussiez connaître, il n'a pas fait payer un loyer qui n'était que de 300 fr., prix modique qui seul avait pu

donner à M. Liantaud l'idée de se le faire rétrocéder.
Il doit y avoir là encore quelque chose à éclaircir !!!

N° 30. — TERRE **Tarhioutte.**

Je dois, à l'occasion de cette propriété, entrer
dans quelques détails; elle vous avait été vendue,
pour moitié seulement, le 14 février 1834, moyennant 300 fr. de rente, par deux enfants de Moham-
med-Ben-Kédour ou *Kadour;* l'autre moitié aurait
appartenu à Oméron-ben-Aboun-Kadour, elle aurait
consisté en terres, jardins, marais, arrosés et non
ar.osés; deux maisons en pierre, etc.; le tout contenant trois cent sept hectares (ou cinquante paires de
bœufs); elle serait située à deux kilomètres environ
du marché de l'Arba.

La rente de 300 fr., créée par le contrat du 14 février 1834, a été cédée, dès le 4 juillet 1835, suivant
acte reçu par M. Lavollée, notaire à Alger, à M.
Creuzé de Villy, aujourd'hui employé supérieur des
domaines, demeurant à Paris, n° 18, qui s'en serait
fait payer les arrérages, et par avance, jusqu'au 14 février 1839, suivant quittance reçue par Me Martin,
notaire, le 17 juillet 1838.

Quoique assigné, le 21 octobre 1845, en exécution
de l'ordonnance du 1er octobre 1844, en remise de
titres, en délimitation et réduction de rente, en cas
de défaut des contenances promises, M. Creusé de

Villy vous a fait assigner le 23 décembre suivant en payement de 3,000 fr. pour dix années d'arrérages ; bien qu'à cette époque il ne pût réclamer que depuis le 14 février 1839, ce qui faisait six années et non dix.

Au lieu de régulariser l'action du 21 octobre 1845, en appelant le domaine en cause, comme l'exigeait l'ordonnance de 1844, au lieu d'opposer à M. de Villy qu'il réclamait quatre ans de rente plus qu'il ne lui était dû (en supposant qu'il eût un transport régulier, ce qui maintenant encore est plus que douteux, que les droits et la qualité de ses cédants fussent bien établis), M. Barberet, qui alors était votre défenseur, laissa rendre, le 8 janvier 1846, un jugement (vous ferez bien d'en lire les termes, tant ils rendent la conduite de votre défenseur inconcevable), qui vu l'offre de M. de Villy, de déposer les anciens titres de propriété, vous condamna à lui payer 3,000 fr. pour dix années de rente, avec dépens.

Il est bien étrange, sans doute, que votre défenseur n'ait pas excipé du payement du 17 juillet 1838, de votre action du 21 octobre 1845, qu'il n'en ait pas conclu la jonction à la demande de M. de Villy, afin de faire ordonner la reconnaissance et la délimitation de la terre Tarhioutte ; mais enfin il faut rapporter les faits comme ils se sont passés, sauf à vous à apprécier comme elle mérite la conduite de ce défenseur et au besoin même celle de M. Savary qui, dans cette occasion, s'il eût veillé pour vous, eût prévenu les effets de la négligence de l'avocat.

Le 1er mars 1847, appel fut interjeté, en votre nom, de ce jugement du 8 janvier 1846, qui, au lieu d'avoir été signifié au domicile par vous élu en 1835, chez Me Martin, notaire, l'avait été au contraire au domicile de M. Savary.

C'est à Alger, en 1847, que je pus voir combien vos intérêts avaient été négligés, et ce ne fut qu'au moment de mon départ, le 23 mai 1847, et lorsque déjà j'avais cru devoir remplacer votre ancien défenseur, qu'il me fut donné de parcourir un dossier de treize pièces (que j'ai paraphées) concernant vos discussions avec M. de Villy. Dès le 4 juin suivant, j'adressai, de Marseille, à M. Audebert (que j'avais choisi pour remplacer M. Barberet), des instructions avec prière de se constituer pour vous sur l'appel du 1er mars 1847, de régulariser l'action du 21 octobre 1845 (vous ferez bien de voir à ce sujet le précis spécial imprimé à l'occasion de votre reprise d'instance contre M. de Villy).

Par suite de la réponse de M. Audebert, en date du 30 octobre 1847, je pensais qu'il s'occupait de cette affaire, lorsque par une lettre du 25 mai 1848, on apprit que, par un arrêt du 22 février précédent, la cour d'Alger avait confirmé le jugement du 8 janvier 1846.

Quant à M. Audebert, il n'avait rien fait, il avait quitté Alger au mois de mars, sans vous donner aucun avis, ni de son départ, ni de l'arrêt du 22 février précédent ; il ne paraît pas même qu'il se fût constitué pour vous, malgré les termes de l'arrêt qui feraient *supposer qu'il serait* contradictoire !

M. Savary ayant annoncé, par une lettre du 8 août 1848, qu'un commandement en expropriation avait été délivré à la requête de M. de Villy, je m'occupai de suite de rédiger un mot de précis contre lui, de relever le peu de loyauté dont il faisait peuve en réclamant plus qu'il ne lui était dû, en se refusant à consentir la délimitation de la terre Tarrhioutte ; je relevai l'étrangeté des procédures et la conduite plus étrange de vos deux *prétendus* défenseurs successifs, et on fit assigner M. de Villy à son domicile élu à Alger, à comparaître devant le tribunal de Blidah, pour entendre ordonner l'arpentage de la propriété dont s'agit et pour procéder sur les conclusions qui terminent le précis dont je viens de parler.

Ayant appris peu de temps après que M. Creusé de Villy (que je croyais résider habituellement à Alger et être un de ces négociants de rentes, que l'Algérie a produits en trop grand nombre), habitait Paris, qu'il était attaché à la douanne, où il occupait une position honorable ; je crus devoir m'y rendre directement, afin de lui faire sentir combien sa conduite était blâmable *et le faire assigner* en parlant à sa personne (afin qu'il ne pût prétexter plus tard cause d'ignorance de toutes ces procédures), s'il n'y avait pas moyen de s'entendre.

6

Lorsqu'au mois d'octobre je me trouvai en face de M. de Villy, qu'il m'entendit lui parler des procédures qu'il dirigeait contre vous, de sa menace d'expropriation, il serait difficile de vous faire comprendre toute sa surprise ; il n'y concevait rien, ne vous réclamait rien et ne vous avait jamais rien demandé ; vous concevez que devant une pareille déclaration ma surprise égalait au moins celle de M. de Villy ; je lui représentai un exemplaire du précis imprimé contre lui pour votre défense, à Blidah ; il le parcourut et en consultant ses souvenirs il se rappela qu'en 1834 il avait donné à un notaire d'Alger une procuration, que celui-ci lui avait demandée pour faire certaines acquisitions, qu'à raison de son titre de notaire, il ne voulait pas faire en son nom. Je sus, de lui, que ce notaire était décédé, laissant à Paris des héritiers assez haut placés dans l'administration, qui seuls avaient dû requérir et diriger toute la procédure dont je viens de parler ; que, pour lui, il y était étranger, et qu'une convention particulière le mettait à couvert à l'occasion de toute cette difficulté.

M. Creusé de Villy, étant légalement votre seul et unique adversaire, celui au nom duquel vous étiez poursuivis, le seul dès-lors contre lequel il vous fallût vous défendre, je l'engageai à voir à Paris les individus dont il paraissait être le prête-nom, et le prévins du reste qu'il serait assigné à son domicile direct, en reprise de l'instance de 1845, et pour procéder sur les fins du précis dont je lui laissai un exemplaire, mais qu'on ne donnerait pas suite immédiate à cette action, pour lui permettre de se concerter avec ceux que réellement elle paraissait intéresser.

Je ne m'arrêtai pas là, je voulus de mon côté et avant de quitter à Paris, voir *les héritiers* du notaire dont M. Creusé de Villy venait de parler ; un d'eux, le principal intéressé et liquidateur de la succession du notaire dont s'agit, était absent, je ne pus voir que son jeune frère qui se rendit chez moi (sur l'invitation que je lui en avais laissée par écrit) et qui me promit de référer à son aîné du but de ma visite, lorsqu'il serait de retour à Paris.

En faisant ces démarches, qui m'ont révélé la véritable position de M. Creusé à votre respect, j'ai cru servir vos intérêts, remplir vos intentions en signalant à M. de Villy, que je croyais votre adversaire, et par suite à ceux qui se servent de son nom, combien les poursuites qu'ils font faire sont déplorables, puisque maintenant encore vous ignorez en quoi consiste votre prétendue propriété, sa contenance réelle, puisque l'administration n'en a pas encore fait la délimitation, qu'elle ne s'est pas occupée de la valeur des anciens titres et que, par ce fait, vous ignorez si vous obtiendrez quelque chose de cette terre qui vous a valu tant de tracasseries !

Si vos vrais adversaires (que je ne nomme pas par égard pour leur position officielle) sont des gens honorables, comme j'ai lieu de l'espérer, ils comprendront que je leur ai offert, en votre nom, et *loyalement,*

comme il vous convient, messieurs, tout ce que des
hommes raisonnables et des gens d'honneur pouvaient
offrir, malgré l'action portée en votre nom au tribunal
de Blidah, bien que l'administration ne se soit pas
occupée de délimiter la terre Tarrhioutte, que la validité des anciens titres soit encore en suspens, j'ai
proposé de faire consigner à Paris, à la recette générale, ou partout ailleurs, les arrérages échus depuis
1839, de la rente par vous due, parce que ce dépôt
ne pourrait être encaissé par vos créanciens prétendus, qu'après qu'ils auraient fait arpenter avec
vous et d'accord, la terre Tarrhioutte, ou, s'ils le
préféraient, après que l'administration aurait procédé
à la délimitation, qu'on serait ainsi fixé sur la contenance réelle, et que vous en seriez en possession,
parce qu'en cas de différence de mesure, cette opération servirait à régler la réduction que devrait subir la rente qui vous est réclamée.

Je n'ai point encore reçu de réponse à ces propositions, ce qui peut tenir à ce que, de Paris, vos adversaires auront sans doute voulu écrire à leurs représentants à Alger; au surplus, si cette réponse tardait
trop, il faudrait presser, auprès du tribunal de Blidah, la décision de l'instance que vous lui avez sou-
mise par votre action délivrée à M. Creusé de Villy,
tant à son domicile, à Paris, le 13 octobre 1848,
qu'à son domicile élu à Alger.

Avant de terminer pour cette propriété, je dois
vous dire que je regrette que, depuis 1847, vos re-

présentants n'aient pas voulu la visiter, afin de savoir
par qui elle est exploitée et occupée, ce que M. Larible
avait omis de demander, lors de sa visite, en 1847.

Mais, en 1846, le 8 juillet, M. Dardé, géomètre,
y avait été envoyé par M. Savary; M. Dardé l'avait
parcourue avec *Omar Kadour*, frère de vos vendeurs;
il avait dû en rendre compte à M. Savary, et avec plus
de zèle pour vos intérêts, celui-ci eût dû, *depuis* 1847,
au moins, vouloir utiliser les documents qu'avait dû
lui fournir M. Dardé, bien que cette terre rentrât dans
l'administration actuelle de M. Chabert, auquel il eût
dû adresser des instructions, d'autant mieux qu'il ne
serait pas impossible que *Sid Omar Kadour*, qui a
fait visiter cette terre à M. Dardé, votre géomètre,
n'en touchât *seul* les fermages.

Mais, à cet égard, je ne précise rien; j'indique seulement une supposition qui pourrait être la vérité!!!

Par une lettre du 6 novembre dernier, j'ai cru
utile de prier la direction civile de s'occuper le plus
tôt possible de la reconnaissance de cette terre, et de
la vérification des titres qui la concernent.

Nos 33 et 34. — Maison et Jardin Zunker et Bezramia.

Aux renseignements contenus sur cette propriété,
aux pages 27 et 28 du rapport de 1847, je dois ajou-

ter les suivants, qui ont aussi leur bizarrerie, comme vous allez pouvoir en juger.

Cette propriété, composée de deux parties, consistait, d'après votre contrat : 1° en une maison avec jardin, à Coleah; et 2° un grand terrain de vingt-huit hectares, près de la même ville.

Au lieu de vingt-huit hectares, un plan de M. Liout, géomètre, indique que ce grand terrain ne contient qu'un hectare cinquante-six ares.

Ces biens vous avaient été vendus moyennant deux rentes, l'une de 36 fr. pour la maison, et l'autre de 40 fr. pour le terrain.

La direction des domaines ayant séquestré ces rentes sur vos vendeurs, votre comité, par sa pétition du 22 septembre 1847, demandait qu'on procédât à l'amiable et sans frais, à la réduction que les rentes doivent subir pour défaut de contenance et de la différence existant entre un hectare cinquante-six ares, et les vingt-huit hectares promis par votre contrat.

L'administration n'ayant pas répondu à cette pétition, on a dû reprendre contre elle votre action du 21 octobre 1845, pour en éviter la péremption et maintenir votre doit.

Mais depuis on a appris, à la date du 29 septembre 1848, qu'originairement le domaine avait séquestré ces propriétés à son profit; que, sur la demande de M. Desnoyers, votre représentant, un arrêté du 14 août 1843, appréciant vos titres, vous les avait

restitués sous la condition de payer au domaine une
rente de 36 fr.

Malgré cet arrêté, l'administration n'en a pas moins
loué, à son profit, votre maison de Coleah à *Moham-
med-Ben-Oussadi*, moyennant 76 fr. par an, qu'il continue de lui payer depuis ce temps. Ce bail est déraisonnable et prouve le peu d'ordre qui existe aux bureaux des domaines, car ils ne devraient pas ignorer
l'arrêté du 14 août 1843 ; il sera bon de s'en expliquer,
afin que vous touchiez directement une location qui
vous appartient.

De plus, il faut aussi prier l'administration de se
régler sur la réduction a faire subir à ces rentes pour
défaut de contenance ; d'après ce que j'ai exprimé sous
l'article 5 (propriété Toute-Oulide), il me semble que
l'arrêté du 14 août 1843 vous dispense de la formalité de la vérification des titres, et dès lors, sans en
attendre l'effet, l'administration pourrait, sans nouveaux retards, s'occuper de cette question de réduction de rente, qui ne paraît pas comporter de difficulté.

Ce n'est pas tout, il paraît que la propriété que
vous avez cru en dehors de Coleah, est (dit M. Chabert) occupée par un garde forestier, qui la tient
d'un sieur Ducreux, locataire d'un sieur Gillone, ancien directeur de postes à Coleah. Il serait convenable
de faire expliquer ces indi.idus sur leurs prétendus
droits, car les vôtres ont été consacrés par l'arrêté du
14 août 1843 ; ils sont fondés sur votre contrat de 1834,

et l'administration, qui dispose de tant de moyens, devrait bien vous venir en aide près de ce nouvel occupant pour exiger qu'il justifiât de titres, ce qui vous dispenserait d'avoir de ce côté un nouveau procès pour jouir définitivement de ce qui vous a été vendu et restitué par l'état.

N° 37. — Terres **Kedia-el-Rayen et Frecha-Faraoun.**

Ces deux propriétés, situées près de Dely-Ibrahim, à peu de distance d'Alger, vous avaient été vendues comme contenant cinquante hectares, et moyennant une rente de 108 fr., *payée* en votre nom, et avec l'incurie habituelle, jusqu'au 17 février 1840, devant M' Martin, notaire.

Aux pages 29 et 30 du rapport de 1847, je me plaignais de la négligence de M. Savary, qui ne s'était pas occupé de ces propriétés, qu'il lui était si facile de découvrir.

Le 20 février 1848, il annonçait qu'il était allé les visiter avec votre fermier Soliman (occupant votre propriété n° 38); qu'elles contenaient cinq hectares environ (au lieu de cinquante) et avaient été concédées par l'administration aux colons de Dely-Ibrahim, à raison de quoi il avait demandé des terres en échange et comme indemnité.

Par une autre lettre du 20 juillet, il annonce que l'administration avait procédé à la délimitation et reconnaissance de ces propriétés, le 19 juin précédent, et constaté qu'elles contenaient, en deux parties, *six hectares cinquante centiares*; mais, dans cette lettre, il ne dit pas si le domaine en a fait la concession, comme il l'annonçait par la lettre du 20 février, puis si l'administration s'est ou non prononcée sur la validité de vos titres, et s'il a pu découvrir la demeure actuelle de votre ancien vendeur.

Il est utile cependant d'être fixé sur ce point, car en admettant que vos titres soient déclarés réguliers, qu'on vous restitue les six hectares cinquante centiares de terres trouvés le 19 juin, ou qu'on vous en donne d'autres, si le domaine en avait disposé, il **reste** toujours à faire statuer sur la réduction que doit subir la rente qu'on a eu tort de payer pour vous jusqu'en 1840, et à la faire éteindre par voie de confusion.

Au lieu de 108 fr. par an, pour cinquante hectares de terre, votre rente doit être réduite à 14 fr., puisque la propriété ne contiendrait que six hectares cinquante centiares; or, vous avez payé 108 fr. par an pendant sept ans, ce qui a donné 756 fr., et vous ne deviez que 98 fr., à raison de 14 fr. chaque année, d'où la conséquence que vous avez payé en trop 658 fr., somme plus que suffisante pour éteindre et le capital et la rente, et les arrérages encourus depuis 1840

Si l'on découvrait votre ancien vendeur, on pourrait peut-être se régler à l'amiable, et prévenir ainsi les frais de procédure et de jugement à obtenir sur l'assignation délivrée en 1848, en votre nom, pour empêcher la péremption de l'instance formée par vous pour cet objet, le 21 octobre 1845.

N° 38. — Propriété a **Kouba.**

Je n'ai rien à ajouter, pour cette propriété, à ce que j'ai dit dans le rapport de 1847. L'arabe Soliman est toujours votre fermier.

N° 39. — Terre **Zaïra-Caïd-Sefta.**

Malgré les explications contenues aux pages 32, 33, 34, 35 et 36 du rapport de 1847, relatives à cette propriété, vos représentants ne se sont pas occupés de la régler; de la part de M. Savary, une pareille négligence est peu excusable, car il habite Alger, c'est lui qui a si légèrement fourni à M. Barberet, à même vos fonds, 1,500 fr. pour acquitter la ridicule condamnation obtenue contre vous, le 2 décembre 1843.

Or, dans le rapport de 1847, j'avais établi que vous

aviez payé devant Mᵉ Martin, notaire, jusqu'au 16 mars 1839, la rente de 180 fr., grevant la terre Caïd-Sefta; qu'ainsi, en 1843, vous ne pouviez devoir que quatre années, s'élevant à 720 fr., et non 1,500 fr., *en supposant qu'on n'eût rien de plus à dire en votre nom.*

C'est le 12 juillet 1845, que M. Barberet a fait, en votre nom, et sous la réserve d'un appel dont je parlerai bientôt, ce payement de 1,500 fr., à M. Sabbatery, avocat de vos prétendus créanciers, et depuis ce temps, vous n'avez pas encore obtenu de quittance de la part de ceux qui avaient seuls qualité pour la donner, et auxquels M. Sabbatery a dû en compter.

Car, toute déloyale qu'était la condamnation prononcée contre vous, en 1843, elle avait été provoquée et obtenue par des Arabes qui, depuis ce temps, ont dû vouloir toucher leur argent, et ne pas le laisser aux mains de leur défenseur.

Il convient qu'un pareil état de choses cesse, et si ce que je ne saurais croire, jusqu'à preuve préalable, ce défaut de remise de quittance pouvait être imputé à M. Sabbatery, et non à ses clients, il faudrait, de toute nécessité, en référer au chef du parquet à Alger, pour qu'il avise à ce que ce payement se régularise, ou qu'on vous restitue vos 1,500 fr., ce qui serait le plus avantageux, car vous ne jouissez encore de rien de la terre Caïd-Sefta, bien que vous ayez payé une rente jusqu'en 1839, et que depuis on ait

‹sans raison versé les 1,500 fr. dont je viens de parler (1).

   Par la pétition du 22 septembre 1847, votre comité

---

(1) Depuis la rédaction de ce rapport, j'avais prié M. Villacrosse,
votre avocat près la cour d'Alger, de s'assurer près de M. Sabbatery,
s'il était encore détenteur des 1,500 fr. dont je viens de parler, et s'il
en était encore dépositaire : 1° De lui faire défense de s'en dessaisir,
et 2° de se constituer pour vous au lieu et place de M. Barberet, sur
'appel du 12 décembre 1843, appel sur lequel on n'avait pas suivi,
par suite du ridicule payement du 12 juillet 1845; mais comme il
n'avait pas été abandonné, que le payement avait eu lieu sous la réserve de tous vos droits, je désirais par ce moyen : 1° faire prononcer la nullité du jugement obtenu contre vous en première instance, *le
12 avril* 1843, sur une assignation du 8 du même mois, nullité qui ne
pouvait supporter la moindre contestation, puisqu'à Alger comme en
France, le délai des ajournements est de *huit jours* francs, délai qui
ne s'était pas écoulé du 8 au 12 avril; 2° en tout cas, faire décider
qu'il ne pouvait être dû que 720 fr., puisque le 16 mars 1839, et par
acte reçu par M. Martin, notaire, vous vous étiez libérés jusqu'au 26
février 1840, de telle sorte qu'au lieu de 1,400 fr., on ne pouvait réclamer que 720 fr., etc., etc.

   Eh bien! par une lettre du 3 décembre 1848, j'ai été informé : 1°
que M. Sabbatery avait encore aux mains les 1,500 fr. qu'il avait touchés, le 12 juillet 1845, et cela sans que, malgré les instances de M. Savary, il se fût procuré une quittance régulière signée de ses clients,
et qu'il pût échanger contre la quittance personnelle qu'il avait délivrée à M. Barberet;

   Et 2° que prévenu par la démarche de M. Villacrosse qui s'infor-
mait si cette somme de 1,500 fr. était encore aux mains de M. Sabbatery, de votre intention de faire suivre cette affaire, il avait immédia-
tement assigné en péremption de l'appel du 12 décembre 1843.

   Vraiment, vous êtes bien fondés à vous plaindre amèrement des
procédures algériennes et à concevoir, par moments, des soupçons de
plus d'une espèce!

réclamait de l'administration qu'elle vous subvînt pour expulser les Arabes établis sur cette terre Caïd-Sefta ; mais on ne s'est pas occupé de cette pétition,

En 1843 on a obtenu contre vous une condamnation de 1,400 fr., vous ne deviez que 720 fr.!!

Le 12 juillet 1845, on a versé en votre nom 1,500 fr., quand on pouvait demander la nullité du jugement du 12 avril 1843, et lorsque vous ne deviez que 720 fr.!!

Depuis 1845 (le 12 juillet), ces Arabes, au nom desquels on vous a ainsi poursuivis, ne sont pas venus chez leur défenseur, *réclamer* l'injuste condamnation obtenue en leur nom ! Ils n'ont pas songé à faire rentrer cette somme dans leur caisse !

M. Sabbatery n'a pu les réunir pour leur faire signer une quittance régulière de ces 1,500 fr., quittance que M. Savary lui a réclamée plusieurs fois, d'après les observations qui terminent son travail du 15 mars 1847, et que j'ai reproduites à la page 32 de mon rapport du 21 août 1847!!

Et ces mêmes Arabes (qui sont sans doute très-forts en procédure), reparaissent chez M. Sabbatery pour lui enjoindre de réclamer la péremption de votre appel du 12 décembre 1843, *précisément* au jour où M. Villacrosse va se constituer pour vous pour suivre sur cet appel, et empêcher que M. Sabbatery ne leur remette les 1,500 fr. en question, s'il les a encore aux mains!!

En vérité, il faut être en Algérie, pour rencontrer de si étranges coïncidences ! ! ! Oh! si j'étais magistrat du parquet d'Alger. . . .

. . . .

Mais, enfin, cette étonnante demande en péremption ne vaut rien, et vous pouvez vous reposer sur le zèle et le concours de M. Villacrosse pour en obtenir justice.

Votre appel n'a pas été abandonné ; le payement du 14 juillet 1845 en fait foi ; les pourparlers qui ont existé depuis entre MM. Savary et Sabbatery, établissent qu'il n'y a eu qu'une suspension de procédure, et non abandon...

D'ailleurs, les divers changements d'état qui se sont depuis accomplis dans la position de plusieurs d'entre vous, les minorités, etc., etc., pas plus que de la demande en délimitation et vérification de titres formée par vous le 8 février 1847.

Mais là ne s'arrête pas ce que j'ai à vous dire pour

donnaient lieu en votre faveur à un délai de *trois ans et six mois*, avant que la péremption pût être acquise. (Section 2 de l'art. 397 du Code de procédure), et du 12 juillet 1845 au mois de novembre 1848, date de la constitution de M. Villacrosse, il y a moins de trois ans et six mois.

D'un autre côté, c'est par requête d'avoué à avoué que cette demande eût dû être formée (art. 400 du Cod. de pr. c.), et non par action principale.

Mais ce n'est pas tout, cette demande a été formée par assignations délivrées au domicile de M. Martin, notaire (qui n'avait pas qualité pour les recevoir), contre MM. Delaunay, Rouland, Delaplanche et Vildieu. Le premier et le troisième sont morts depuis plusieurs années, le second est en faillite : ces faits ne peuvent être ignorés par les divers clients de M. Sabbatery, car, les 19 et 20 octobre 1848, par exploits de Me Lesonneur, huissier à Alger, ils ont tous été assignés devant le commandant militaire de Miliauah, en reprise des instances formées contre eux, pour les obliger à remettre des titres, à vous livrer votre propriété, à en consentir la délimitation, etc., etc.; ces assignations contiennent extraits des actes constatant les qualités auxquelles vous procédez maintenant; le décès de M. Delaunay, la faillite de M. Rouland, etc., etc., et la preuve que vous représentez maintenant les acquéreurs originaires.

Or, c'est contre vous que la péremption dont s'agit eût pu être demandée, si elle était fondée, *au moins* contre le *mineur Delaunay* et les syndics de la *faillite Rouland*, et non contre des individus qui sont ou décédés ou dans l'impuissance d'agir et dont les changements d'état et le décès ont été signifiés par les exploits des 19 et 21 octobre 1848.

Ainsi donc cette demande en péremption est nulle, *pour ne pas dire plus*.

Vous pouvez vous reposer sur M. Villacrosse du soin de faire prononcer cette nullité et de suivre l'action au fond ; car depuis quatre cette propriété ; il me faut parler maintenant d'une lettre de M. Chabert , du 23 août dernier, dans laquelle il annonce avoir vu cette terre , qu'elle lui a paru belle et bien cultivée par les Arabes qui y sont établis , mais qu'elle doit se trouver dans un lot de cinq mille hectares de terres destinées à former des villages arabes.

Par une autre lettre du 4 septembre suivant , il confirme le même fait , et ajoute (d'après ce qu'on lui a dit), que cette propriété aurait fait partie des biens du beylik , et qu'en 1834 , *il n'était pas permis aux*

à cinq mois seulement qu'il a été chargé de vos intérêts devant la cour d'Alger, il a pris sa mission fort au sérieux , et à l'imitation de M. Blasselle , en première instance , il s'occupe de vous et vous le prouve par sa correspondance.

Les faits qui précèdent éveilleront assez leur attention pour que vous n'ayez rien à redouter de fâcheux dans cette affaire.

Toutefois, M. Villacrosse fera bien d'exiger qu'on lui produise , par acte de défenseur à défenseur , les actes établissant les droits de ceux au nom desquels a été obtenu le jugement du 12 avril 1843, le transport qui leur a été consenti et l'original de la signification de ce transport.

Je serais étonné que ce transport fût régulier , que la dame *Mohammed qui , en 1834, avait* agi pour elle et *ses enfants,* eût plus tard établi leurs *droits et les siens,* et la quotité de leurs droits sur la rente de 180 fr. constituée à cette époque , et que , dans l'intérêt de leurs prétendus cessionnaires, on eût pris les précautions nécessaires pour qu'ils eussent un acte régulier de transport, à l'aide duquel ils pussent agir !

Les actes de cette nature, que j'ai vus pour vous, m'ont toujours paru si ridiculement nuls , que je serais étonné que, dans l'espèce, le transport invoqué contre vous fût régulier !!

Français d'acquérir des biens dans les Hadjoutes.

Il est regrettable que M. Chabert n'ait pas mis plus de persistance pour se renseigner d'une manière définitive sur ce que vous devez craindre ou espérer à l'égard de cette propriété ; en effet, il eût dû demander à connaître les arrêtés d'où résulterait, qu'à la date du 26 février 1834, l'acquisition de cette terre n'aurait pu avoir lieu valablement ; vous faire passer copie des ordonnances qui auraient contenu une semblable disposition... Encore une fois, les employés des domaines ne peuvent refuser de pareils documents et s'emparer d'un immeuble parce que tel serait leur bon plaisir ; cela ressemblerait très-fort à du vol tenté au nom de l'état, et comme une pareille supposition serait absurde, j'en conclus qu'avec du bon vouloir, on eût pu et qu'on devra obtenir à l'administration des documents positifs sur ce point.

D'un autre côté, vous avez demandé, le 8 février 1847, la délimitation de cette terre et la vérification de vos titres ; le contentieux, alors ; le conseil de direction, maintenant, ont une compétence exclusive pour statuer sur la validité ou l'invalidité de votre acquisition, et tant qu'il n'y a pas de décision, la direction des domaines ne peut s'emparer d'abord et sans autre préalable, d'un fonds que vous avez acquis, dont vous avez acquitté la rente d'une manière si légère, je pourrais dire si ridicule, jusqu'en 1839, pour l'année à échoir en 1840.

Si la nullité de votre acquisition de 1834 était vraie,

votre action en délimitation, réduction de rente, intentée le 21 octobre 1845, reprise en 1848, deviendrait sans objet, et on devrait, sans doute, obtenir de vos vendeurs ou de leurs ayant-cause, la répétition de tout ce qui a été payé en votre nom; mais alors vous auriez à vous demander comment M. Martin, notaire, qui a payé cette somme jusqu'au 24 février 1840, ne s'est pas préoccupé du fait de savoir la situation de cette terre? si on avait pu, oui ou non, l'acquérir valablement? Comment la rente de 1834 aurait pu être cédée à des négociants arabes, établis à Alger, qui devaient aussi se préoccuper du point de savoir si cette rente avait pu être régulièrement constituée? — Si, en 1834, il existait des ordonnances défendant d'acheter dans les Hadjoutes, ces ordonnances devaient être connues de tous les notaires, de tous les défenseurs, car chaque fois que pour eux il s'agissait d'un transport de rente (et le commerce qui s'est fait à ce sujet a été énorme, passablement scandaleux et bien profitable à certains notaires), ou de défendre à une action en payement de rente, la première question à poser était celle de savoir si ces rentes pouvaient, oui ou non, exister valablement.

On aurait à se demander encore comment cette pensée surtout ne serait pas venue à M. Barberet qui, alors, avait interjeté appel du jugement du 12 décembre 1843, et qui, le 6 juin 1845, avait aux mains des conclusions signées par M. Sabbatéry; dans lesquelles celui-ci prétendait que la demande de dé-

7

limitation de propriété et de réduction de rente, formée en votre nom, était ridicule, parce que l'ordonnance du 1ᵉʳ octobre 1844 ne pouvait vous être ap-
pliquée, puisqu'il s'agissait, au procès, d'un immeuble situé en dehors *de la juridiction des tribunaux de
première instance aux Hadjoutes*, *etc.*; et 2° *qu'on exci-
pait bien de quittances de payement, mais sans en justifier.*

Ces conclusions, qui se trouvent analysées dans un
travail fait par M. Savary, en mars 1847, prouvent
contre lui et M. Barberet une négligence bien coupable.

En effet, ils avaient excipé de l'existence de payements d'arrérages de rentes, puisque M. Sabbatéry leur
objectait qu'ils ne justifiaient pas leur allégation, cependant MM. Barberet et Savary savaient que M. Martin, notaire, avait longtemps payé les rentes à votre
charge; ils ne pouvaient exciper de l'existence de
quittances que sur ce que leur avait appris ce notaire;
ils ne pouvaient ignorer qu'elle avait été payée jusqu'au 26 février 1840, et cependant M. Savary remettait, le 12 juillet 1845, 1,500 fr. à M. Barberet,
qui les versait, le même jour, à M. Sabbatéry, sans
chercher, ni l'un ni l'autre, à se rendre compte de
ce qui était légitimement dû!

Et M. Barberet surtout ne se préoccupait pas de
savoir si, en vertu d'arrêts antérieurs à l'ordonnance
du 1ᵉʳ octobre 1844, cette rente pouvait ou non exister et être exigée!

Quand on réfléchit un peu à tant de négligence, à

tant de payements faits en votre nom, avec si peu de
soin et de précautions, les suppositions les plus pénibles se présentent à la pensée; on se demande si
de pareils faits peuvent exister, et s'ils ont bien et
loyalement rempli leur mandat, ceux qui vous re-
présentaient alors, s'ils n'ont encouru aucune responsabilité?...

Dans la position où vous êtes, quant à cette propriété,
il convient d'attendre que l'administration se soit
expliquée sur vos titres, et de lui adresser les obser
vations qui précèdent; puis, après qu'elle aura statué, vous verrez, suivant sa décision, ce qu'il conviendra de faire.

N° 40. — **Maison** a BLIDAH.

Le bail du sieur Dannepont, qui occupait cette
maison, a été résilié, par jugement du 30 mai 1848,
du tribunal de Blidah, qui l'avait déjà condamné à
vous payer la somme de 750 fr. pour loyers échus,
par autre jugement du 22 mars précédent, et a validé
des arrêts faits en votre nom, par autre jugement
du 9 dudit mois de mai.

Je regrette que les jugements des 22 mars et 30
mai aient été pris séparément et sur deux instances
séparées; on pouvait et on eût dû conclure et *obtenir*
la condamnation de loyers et la résiliation du bail

faute de payement, par un seul et même jugement, ce qui eût simplifié les frais.

M. Chabert, d'après une lettre du 4 août dernier, espérait louer cette maison au sieur Delasusse, par 600 fr. par an, mais rien n'indique que ce projet soit réalisé pour vous.

Dans la pétition du 22 septembre 1847, on réclamait le payement d'une rente de 378 fr, qui a été liquidée à votre profit, par ordonnance du 24 avril 1845, comme indemnité d'une autre maison à Blidah, prise pour cause d'utilité publique.

La réclamation de cette rente a été réitérée par une autre pétition du 2 septembre 1848.

D'après la correspondance de M. Savary, il semblait, en 1847, que le domaine se refusait à payer, parce qu'on devait lui justifier, d'abord, de titres de propriété antérieurs à 1830, puis ensuite qu'il n'existait pas d'inscription sur cette même maison. — Par ses lettres, M. Savary se plaint d'avoir fait à ce sujet beaucoup de démarches sans pouvoir obtenir de solution; on ne savait pas même où se trouvait le dossier relatif à cette rente, ce qui ne prouve pas en faveur de l'ordre établi dans les bureaux.

Les exigences de l'administration ne sont pas fondées; en effet, vous avez acquis, en 1834, les maisons de Blidah (dont une vous a été prise pour les besoins de l'état), moyennant une rente de 270 fr., due à votre venderesse, qui habite Blidah même; vous avez

été mis en jouissance de ces maisons, qui ont été ré-
parées à vos frais et louées à votre profit.

L'ordonnance de 1844, en obligeant les acquéreurs de biens en Algérie, à justifier de titres antérieurs à 1830, a excepté de cette nécessité et de la
formalité de la vérification des titres, les biens situés
à Blidah, d'où la conclusion naturelle qu'on ne peut
rien vous demander à l'occasion de ces anciens titres,
et que les prétentions d'en avoir, formulées à M. Savary, ne sont pas fondées.

Quant à des inscriptions, il n'en doit pas exister
contre vous; mais, lors même qu'il y en aurait, ce
que je ne crois pas, le domaine n'en est pas plus en
droit de ne pas vous payer cette rente de 378 fr.

En effet, s'il avait à vous payer le prix d'un immeuble, on concevrait, qu'avant de se libérer, il exi-
geât la main-levée d'inscriptions dont il prouverait
l'existence; mais il ne s'agit pas, pour le domaine,
d'un prix d'immeuble dont il veut défoncer le capital,
il s'agit, dans l'espèce, d'une rente qui représente
les intérêts du prix qui vous est dû, et dès-lors, le
payement n'en pourrait être empêché qu'autant que
des saisies-arrêts seraient faites sur vous, et il n'y en
a pas, de sorte que les objections de l'administration
n'ont rien de sérieux, et ne peuvent être qu'un prétexte pour couvrir le mauvais vouloir ou la négligence
de ses employés; du mauvais vouloir, ce serait de l'i-
niquité qu'on ne peut admettre, et je crois bien plutôt
à de la négligence, ce qui est également déplorable.

S'il faut s'en prendre, comme je le pense, à l'insuffisance du nombre des employés des domaines, le gouvernement devrait y remédier, afin que ce service, un des plus difficiles de l'Algérie, fût organisé de telle manière qu'il pût faire face aux détails énormes dont il est chargé, sans nécessiter ainsi aux citoyens des courses sans nombre, dont le résultat se fait attendre plusieurs années, ce qui donne lieu à des suppositions de toute nature et à des inquiétudes de plus d'un genre; car les journaux ont parlé de mandats soustraits dans les bureaux et acquittés à l'aide de faux; rien de pareil n'existe, sans doute, dans votre cas; mais, enfin, une ordonnance du 14 avril 1845 liquide votre rente, en autorise le payement; vous êtes en 1848, et vous n'avez encore rien reçu! et l'état est votre débiteur!

N° 41. — Moitié de la Terre **Meydouba.**

Votre comité n'a reçu aucuns renseignements sur cette propriété, présumée être située près de Sidi-Yeklif et du lac Galoula, de sorte qu'à part la reprise de votre instance du 21 octobre 1845, portée maintenant à la justice militaire de Milianah, il n'a été rien fait en plus; on doit regretter que vos représentants, à l'aide des instructions consignées aux pag. 37 et 38 du rapport de 1847, n'aient rien entrepris pour se fixer sur la situation exacte et la consistance de cet immeuble.

Je ne saurais admettre que l'administration refusât toute espèce de renseignement à ceux qui les lui demandent pour découvrir leurs propriétés, et avec les données qu'on a déjà, on devrait, soit au domaine, soit à la direction civile, à l'aide du cadastre, à l'aide des plans dressés, découvrir ce que vous devez espérer de cette terre, dont on a si maladroitement payé la rente en votre nom, sans en connaître même la situation.

N° 46. — MOITIÉ DE L'**Haouche-Koudj-Kouje.**

Si vos représentants s'étaient conformés aux instructions contenues aux pages 38, 39, 40 et 41 du rapport de 1847, vous sauriez, sans doute, maintenant, à quoi vous en tenir sur cette propriété, située dans la plaine Othon, ou Beni-Kelil, et qui, d'après le contrat de 1834, devrait contenir quatre cent dix hectares.

Dans une lettre du 19 avril 1848, M. Chabert annonce qu'il l'a visitée en partie; puisqu'à cette époque il avait commencé à s'en occuper, il eût dû continuer ses démarches, compléter son œuvre, et MM. Remy Long et de Raousset l'eussent sans doute aidé de leur concours. — L'administration s'en fût aussi occupée.

N° 48. — Terre **Sidi-Ali-Alkebia.**

Les observations faites pour les propriétés n°ˢ **44** et 46 ci-dessus, s'appliquent aussi à la propriété Alkebia qui vous a été vendue, le 18 mars 1834, comme contenant trois cent cinquante-cinq hectares, moyennant une rente payée jusqu'en 1840.

M. Savary écrivait, le 20 mai 1845, que d'après ce que lui avait dit un indicateur, auquel il s'était adressé, cette propriété était loin d'avoir la contenance promise ; depuis 1845 il ne vous a rien appris de plus.

Sans doute il n'eût pas été rationnel, depuis 1845, de faire des frais d'arpentage de chacune de vos propriétés, de vous entraîner ainsi dans des dépenses considérables pour payer des interprètes arabes, des escortes et un géomètre, lorsque par suite des opérations de délimitation auxquelles l'administration devra se livrer, ainsi qu'à l'examen des titres, il pourrait arriver que vous vous trouviez ne pas avoir une portion de biens dont les actes nous indiquent comme propriétaires ; mais sans vous jeter dans de pareilles dépenses, on eût pu, avec du bon vouloir, des démarches près du domaine, les agents du ca-

dastre, les bureaux arabes, obtenir des documents.
Quoi qu'on en ait dit, je ne puis admettre que chacun
de ces divers fonctionnaires se refuse à toutes communications en faveur de ceux qui en demandent et
justifient qu'ils sont porteurs de titres d'acquisition
des biens à raison desquels ils désirent être rensei-
gnés ; il y aurait quelque chose de ridicule et de déraisonnable à ce que ces *documents fussent refusés
par ordre supérieur*, car, dès que les ventes consen-
ties par les Arabes n'avaient pas été déclarées nulles,
il fallait bien guider les malheureux acquéreurs dans
leurs efforts pour connaître ce qui leur avait été
vendu.

N° 49. — Kodja-Birry-Saint-Charles.

Au moins voilà une propriété dont vous êtes définitivement propriétaires : elle ne contient pas mille
trois cent trois hectares, comme votre contrat le faisait espérer, vous n'avez que trois cent quatre-vingt-
deux hectares, et encore on ne manquerait pas, je
crois, aux lois de la charité, en supposant que vous
avez des voisins qui ont agrandi leurs terres aux dépens des vôtres ; mais enfin vous avez trois cent qua-
tre-vingt-deux hectares.

La délimitation a été faite par l'administration, et
un arrêté du 10 avril 1848 a prononcé la validité de

vos titres ; plût à Dieu qu'on pût en dire autant de vos autres terres ! !

Le bail de M. Chrétien doit expirer en 1849 ; il paraît disposé à continuer d'être votre fermier, mais il ne s'est pas encore expliqué sur le prix qu'il entend vous accorder pour l'avenir.

Du reste, on lui a écrit pour qu'il s'expliquât à ce sujet, en le prévenant que vous vouliez vous réserver le droit de disposer de deux à trois hectares de terre, à votre gré, afin que, pendant la prolongation de bail, qu'on pourrait lui consentir, vous puissiez faire élever deux masures et y faire édifier les bâtiments nécessaires pour deux fermes, car votre intérêt exigera que vous y fassiez cette dépense, qui, avec le temps, deviendra très-productive : car cette propriété, coupée en deux parties par la grande route d'Alger à Coleah, sera toujours d'une location facile et avantageuse pour ceux qui l'exploiteront.

Par votre pétition du 22 septembre 1847, vous réclamiez que l'administration s'occupât d'établir les bases sur lesquelles elle avait séquestré jusqu'à concurrence de 211 fr. 88 c. la rente de 720 fr. qui grève cette terre ; on ne s'en est pas occupé, et maintenant encore vous ignorez à qui et dans quelle proportion cette rente est due, et les arrérages s'en accumulent sans qu'il vous soit possible de vous en libérer.

N° 50. — **Beni-Merede.**

Votre comité n'a obtenu aucun renseignement nouveau sur cette propriété, pour laquelle, en lisant ce
qui est dit aux pages 49 et 50 du rapport de 1847,
vous vous étonnerez peut-être qu'on ne soit pas plus
avancé; toutefois, par une lettre du 22 février 1848,
M. Savary annonce que M. Corbin (ancien membre
du contentieux, magistrat plein de dévouement à
ses pénibles fonctions et d'obligeance envers les jus-
ticiables), lui aurait dit que la propriété qui vous a
été vendue sous le nom de Beni-Merede, n'aurait jamais appartenu à l'honorable Al-Arami-Ben-Moham-
med-Bouramel-Mered, votre vendeur en 1834; qu'en
tout cas elle n'aurait formé qu'une propriété peu étendue, *un moksen* compris dans le village de Beni-Merede.

Votre comité n'a pas appris qu'on se soit occupé
de suivre sur ce premier renseignement, afin de le
compléter

N°ˢ 51 et 52. — **Ben-Rouan et Ben-Salah.**

Les propriétés de ce nom vous ont été vendues, le
6 mars 1834, par Mouloud-Ben-Mohammed et Ben-
Fallak-Allah, chaouche de l'aga, moyennant 720 fr.

de rente ; elles ont donné lieu à des incidents qui ne se rencontrent qu'en Algérie heureusemeut, et que votre raison se refuserait à croire, si vous n'en aviez été et si vous n'en étiez encore les victimes.

Comme vous le savez, d'après le rapport de 1847, la rente de 720 fr., grevant ces terres, a été transportée, le 26 février 1835, à un sieur Darnaud, propriétaire à Toulouse.

Par quel prix ce transport a-t-il eu lieu ? Les cédants avaient-ils qualité pour le consentir ? En ont-ils justifié régulièrement ? je l'ignore, car je n'ai pas vu la signification que M. Darnaud a dû faire, conformément à l'article 1690 du code civil.

Sur les quelques pièces du dossier relatif à cette propriété, que je n'avais pu obtenir que deux à trois jours avant mon retour en France, le 25 mai 1847, j'avais recueilli à la hâte des notes qui me servirent à disposer, à Marseille, un mémoire contre le sieur Darnaud.

Ce mémoire, que vous avez aux mains, expliquait : 1° Qu'un jugement du tribunal d'Alger, en date des 17 mai 1844 et 14 mars 1845, vous avait condamnés à payer à M. Darnaud la somme de 5,760 fr. pour arrérages de la rente dont il se disait cessionnaire ; que, le 9 mai 1846, suivant quittance déposée à Mᵉ Tresse, notaire à Paris, et par suite de saisies tentées en France sur MM. Vildieu et Delaunay, on avait dû acquitter cette condamnation, comme contraint et forcé ; 2° que le même jugement avait ordonné la délimitation et l'arpentage de ces propriétés par le sieur Dardé, géomètre, et que de son procès-verbal, commencé le 11 janvier 1846 et terminé le 27 juin suivant, il résultait que *la Terre Ben-Rouan n'existait pas*, et que, quant à la terre de Ben-Salah, contenant six cent cinquante-neuf hectares, elle avait été prise par le domaine, qui y avait installé des tribus arabes, venant de Beni-Merede.

Comme M. Darnaud s'était fait payer des arrérages de rentes qui ne lui étaient pas dus, je demandais, en votre nom, 1° la répétition de la somme de 2,120 fr. qu'il s'était fait payer en trop, puisque les arrérages de sa rente ayant été payés devant M⁰ Martin, notaire à Alger, jusqu'au 18 mai 1839, par avance, pour l'année à échoir au 6 mars 1840, il ne pouvait lui être dû et il n'eût dû réclamer (en supposant ses droits et sa qualité établis), que la somme de 3,600 fr.;

2° La restitution de tout ce qui lui avait été payé pour la propriété de Ben-Rouan, qui n'existait pas, d'après le rapport de M. Dardé;

3° Que sous contrainte de 60,000 fr. il fût tenu de vous remettre les titres dont il était dépositaire, et concernant la terre de Ben-Salah, afin d'obtenir la restitution de cette propriété de l'administration, l'expulsion des Arabes qui y avaient été placés, etc.

Les conclusions de ce mémoire étaient en rapport avec les faits de vos procès avec M. Darnaud, tels qu'ils se présentaient alors.

Aussi, bien persuadé que la terre de Ben-Salah,

telle qu'elle avait été décrite par le sieur Dardé, était votre propriété, votre comité, par sa pétition du 22 septembre 1847, en avait demandé la restitution, etc.

Tel était l'état des faits à l'époque du rapport du mois d'août 1847. — Depuis, *cette affaire a tout à fait changé de face.*

Malgré la demande en communication de titres, formée en votre nom, le 5 mars 1845, par M. Barberet, incidemment à l'action du sieur Darnaud, malgré l'action principale en remise de ces titres formée contre lui, le 21 octobre 1845, M. Darnaud n'avait pas jugé à propos de vous en aider, mais lorsqu'il eut reçu, à Alger, la signification de votre mémoire tendant à faire prononcer contre lui une contrainte de 60,000 fr. *par corps;* à ce sujet, il trouva à propos de s'exécuter, et, à la date du 18 août 1847, il déposa une liasse de titres d'où résulterait que les biens dont il avait laissé faire l'expertise par le sieur Dardé (auquel il a fallu payer 2,142 fr. pour une opération, maintenant inutile, à laquelle il avait été sommé d'assister par acte du 13 novembre 1845), ne seraient pas ceux sur lesquels on a opéré, mais qu'au contraire ces biens seraient situés près de Bouffarik, quartier de Meydaufa.

Vous attendez maintenant que l'administration se soit occupée de reconnaître et délimiter ces nouveaux biens; qu'elle ait apprécié les actes déposés par M. Darnaud, pour savoir si, *oui* ou *non*, vous aurez quelque chose à ce sujet. — Car, il n'y a plus d'équi-

voque possible pour vous, pas d'espoir que la terre
de Ben-Salah, visitée par l'expert Dardé, serait la
vôtre et pourrait vous être rendue : une décision du
conseil supérieur de l'Algérie, en date du 10 avril 1848,
décide que les titres déposés par M. Darnaud ne sauraient s'y appliquer, que cette terre de Ben-Salah a
fait, depuis un temps immémorial, partie des biens du
beylik.

Voilà qui est clair, positif. Cependant vous avez été
impitoyablement condamnés à payer (au-delà de ce
qui était dû) une rente relative à des biens après *les-*
quels vous courez encore.

Et, cependant, le 14 mars 1845, le tribunal d'Alger
n'avait aucun égard à votre déclaration; que vous
ignoriez la situation de votre propriété, que vous n'en
étiez pas en possession ! — Pour vous condamner, on
se fondait sur ce fait unique, que vous étiez réputés
posséder, puisque vous prétendiez avoir payé la rente
jusqu'en 1839. — Il rejetait votre demande en remise
de titres, qu'il considérait devoir faire l'objet d'une
action principale, etc., etc. Toutefois, il ordonnait
l'expertise et l'arpentage de ces terres ! Et vos défenseurs, qui articulaient que vous aviez payé la rente jusqu'au 26 février 1840, par quittance du 19 mai 1839,
n'en justifiaient pas ! Et M. Darnaud lui-même, devant cette articulation de payement jusqu'en 1839,
n'en reconnaissait pas la vérité ! il ne modifiait pas sa
demande !

Oh! mon Dieu! à combien de réflexions de pareils faits donnent lieu!

Enfin, messieurs, il vous faut attendre que l'administration se soit occupée de délimiter et reconnaître les biens qui, d'après les actes déposés par M. Darnaud, pourraient être les vôtres, et prononce la validité de ces actes : alors, sans doute, justice vous sera rendue, et cette justice devra être sévère, car la conduite de M. Darnaud envers vous est inqualifiable.

Il s'est fait payer sciemment au-delà de ce qui lui était dû. — Il n'a rien fait pour vous mettre en possession des biens qu'il dit grevés de sa rente! et ne paraît pas se décider à vous subvenir encore!

En effet, ayant appris que ce monsieur avait une position assez considérable à Toulouse, qu'il y avait exercé les fonctions de commissaire-général en février dernier, supposant qu'il faisait partie de l'assemblée nationale (parce qu'une personne de son nom et de sa ville s'y trouve), je m'étais rendu à Paris pour m'expliquer avec lui (et aussi avec M. Creusé de Villy, dont je vous ai parlé sous le n° 30), sur l'étrangeté des poursuites faites en son nom, la nécessité qu'il restituât les 2,120 fr. qu'il s'est fait payer en trop. Je voulais l'engager à ce que, de son côté, il pressât la reconnaissance et la délimitation des biens qui, d'après les titres par lui récemment déposés, devaient être les vôtres et le gage de sa rente; mon but était de lui proposer de donner mission à un géomètre d'Alger de se rendre avec le vôtre sur ces biens,

afin d'en reconnaître et fixer l'étendue, et, le cas
échéant, de réduire sa rente, s'il y avait lieu, opérations qui pouvaient avoir lieu sans être ordonnées ju-
diciairement.

Ayant su à Paris seulement que la personne à laquelle je m'adressais n'était pas le sieur Darnaud,
votre adversaire..., je lui écrivis, à Toulouse, pour
lui faire les propositions qui précèdent; voici les
termes de sa réponse, en date du 9 octobre 1848 :

« Monsieur,

« En réponse à votre lettre, je ne puis que vous
« répéter ce que j'ai déjà dit à M. C..., ancien dépu-
« té, l'un de vos actionnaires.

« Faites-moi une offre sérieuse et raisonnable, et
« je vous céderai ma créance sur la Compagnie Rouen-
« naise. Le titre, dont je suis porteur, est inattaquable,
« et je ne l'échangerai que contre des valeurs négo-
« ciables.

« Si ma proposition ne peut vous convenir, agissez
« comme vous l'entendrez; de mon côté, je saurai
« défendre mes droits.

« J'ai, etc.   DARNAUD. »

Évidemment, une pareille réponse ne répond à
rien, car vous ne proposiez pas à M. Darnaud de lui
rembourser sa rente, puisqu'avant tout il vous faudrait savoir si vous aurez une propriété !

Vous ne lui proposiez pas d'acquitter la déplorable
condamnation du 14 mars 1845 ; *puisqu'il s'en est fait*

8

payer le 9 mai 1846... Je ne crois pas devoir pousser plus loin tout ce que je pourrais dire à cette occasion, et je me borne à vous dire : Attendez l'opération de l'administration, relative aux biens indiqués dans les titres déposés par M. Darnaud.

Ensuite le jour de la justice arrivera pour vous; quelle que soit la position du sieur Darnaud, je n'imagine pas qu'il ait la puissance de se pouvoir placer en dehors du droit commun, et d'empêcher les magistrats auxquels votre position sera maintenant expliquée et justifiée, de vous faire bonne et loyale justice!

Propriétés N°ˢ 53 et 54. — Jardin **Mahmoud et Ben-Kélil.**

Je n'ai rien à ajouter, pour ces deux propriétés, à ce que comporte le rapport de 1847.

N° 56. — **Kodja-Berry-Fondouck.**

Dans le rapport de 1847, j'avais cru entrer, aux pages 55, 56, 57 et 58, dans des développements suffisants pour qu'on dût, en s'adressant à l'administration, obtenir qu'elle s'occupât de liquider l'indemnité qu'elle vous doit pour les deux cent cinquante-trois hectares de terre qui vous ont été pris au Fondouck, pour la création de ce village.

On ne l'a pas fait encore ; cependant cette demande a été reproduite pour vous dans la pétition du 22 septembre 1847 ; elle arrivera, sans doute, bientôt à solution, et les retards subis à cette occasion doivent tenir aux changements que, depuis l'envoi de votre pétition, les diverses administrations ont eus à subir.

Au surplus, si les hommes changent, les règles de la justice sont heureusement invariables, et la raison veut et commande qu'il soit fait droit à votre réclamation, et qu'on arrive enfin à savoir *à qui et dans quelle proportion doit* être payée la rente de 720 fr., à laquelle vous êtes tenus, par votre contrat d'acquisition du 17 mars 1834, qui vous promettait deux mille cent quatre-vingt-huit hectares de terre, tandis que, d'après le plan dressé à votre demande, par M. Dardé, vous n'en aviez que deux cent soixante-sept, dont deux cent cinquante-trois ont été pris sur vous par le domaine. Quant aux treize hectares qui vous restent de cette terre, qui devait être si considérable, ils sont maintenant loués en votre nom, à deux Arabes, jusqu'au 1er avril 1849, suivant ce qu'indique une lettre de M. Savary, du 23 août 1848.

Il convient d'insister vivement près de l'administration pour qu'elle s'occupe de vérifier vos titres, d'en reconnaître la validité, et par suite de liquider l'indemnité à laquelle vous avez droit ; ce travail doit lui être d'autant plus facile, que son arrêté du 10 avril 1848, s'appliquant à la propriété n° 49 (Kodja Berry-Saint-Charles), a validé une vente de biens faite par les mêmes personnes que celles qui, en 1834, vous ont vendu Kodja-Berry-Fondouk.

La plupart de ces personnes habitent Alger ; il est facile de les voir, de les faire venir près de l'administration, pour qu'elles expliquent elles-mêmes et justifient leurs anciens droits sur la propriété qu'elles ont vendue. Et à cette occasion, je ne pourrais, pour justifier cette réclamation, que me référer aux développements contenus à ce sujet, pages 56 et 57, du rapport de 1847, rapport qui est aux mains de l'administration.

Mais, à part cette demande, qui n'est susceptible d'aucune difficulté, si l'on consent à s'en occuper à l'administration, il en est une autre qui n'est pas moins fondée, et à laquelle elle devra aussi donner satisfaction ; je vais vous en entretenir et la formuler de suite ; vous retrouverez là une preuve nouvelle de la négligence étrange, inqualifiable avec laquelle on s'est occupé de vous à Alger ; ce n'est que depuis cinq jours seulement que j'ai été instruit de ce qui peut se rattacher à ce fait nouveau pour moi, et dont je n'avais pu dès-lors vous parler dans le rapport de 1847.

Il paraît qu'avant de s'emparer de votre terre de Kodja-Berry-Fondouck, pour y établir un village, l'administration de l'Algérie, ou plutôt l'intendance militaire, s'en était fait consentir un bail devant M⁰ Martin, notaire à Alger, par un de vos anciens mandataires, et cela moyennant 500 fr. de loyer annuel, à partir du 1ᵉʳ février 1838.

En 1839, M⁰ Martin, notaire, ayant désiré toucher les loyers échus, on lui objecta qu'il lui fallait justifier d'une procuration spéciale pour former à ce sujet une demande nouvelle au trésor, qui déjà avait refusé de payer faute de cette procuration.

Dans une lettre du 6 septembre 1839, M⁰ Martin, notaire, écrivait à feu M. Lefèvre (ancien président de votre comité) pour se plaindre de ce qu'il ne renvoyait pas cette procuration, qui fut enfin donnée par acte devant M⁰ Graindorge, notaire à Rouen, les 23, 25 et 27 février 1840.

Ces loyers ont couru, depuis 1838, à votre profit, *sans avoir jamais été payés*, et cela jusqu'au moment où l'administration a trouvé bon de s'emparer de la presque totalité de votre domaine pour créer le village de Fondouck.

Je dis que ces loyers n'ont jamais été payés, puisqu'ils ne figurent dans aucun des comptes de recettes qui vous ont été adressés par vos représentants successifs.

Cependant, avec la procuration adressée, en 1840, à M⁰ Martin, notaire, on a dû faire de nouvelles démarches près de l'administration, qui avait été votre *locataire par bail* régulier, jusqu'au moment où elle s'est instituée propriétaire (plus ou moins légalement), et en 1845, le 27 juin, on donnait à M. Savary, votre représentant actuel, des instructions pour qu'il réclamât ces loyers.

Il faut bien aussi que cette affaire soit éclaircie. —

Un bail a été fait, des loyers sont dûs, le doute n'est pas possible. — On ne vous en a jamais compté, le fait est également vrai. — Si quelqu'un les avait touchés en votre nom, et en vertu de la procuration de 1840, les écritures tenues par l'administration ou le trésor public en feraient foi ; il en existerait des quittances, et, s'il y en avait, on pourrait dès à présent élever un doute assez légitime sur la loyauté de ceux qui auraient encaissé, sans jamais vous en prévenir ni vous en compter.

Mais il est plus que probable que les réclamations élevées en votre nom pour ces loyers seront restées oubliées dans les cartons de l'administration, et que par suite des changements survenus dans le personnel de vos mandataires, on les aura perdus de vue tout à fait.

Dans cette position, il convient de s'adresser d'abord à M. Martin pour savoir s'il a fait quelque chose pour ces loyers, sur l'envoi de la procuration de 1840, puis ensuite à l'administration même pour qu'elle ait à en compter, si elle n'a pas payé (ce qui est plus probable); dans ce cas elle aurait à ajouter le montant de ces mêmes loyers à l'indemnité qu'elle vous devra pour les deux cent cinquante-trois hectares de terre qu'elle vous a pris au Fondouck, indemnité qui n'est pas encore réglée malgré votre pétition du 22 septembre 1847.

De nouveaux retards, en pareil cas, ressembleraient presque à un déni de justice, et il n'est vraiment pas possible d'y croire; seulement vous êtes, comme beaucoup d'autres, victimes de tous les renversements successifs et trop fréquents répétés dans le personnel des diverses administrations, *qui faisaient disparaître des fonctionnaires juste au moment où, après avoir étudié une affaire, ils allaient être en mesure d'y donner solution.*

Mais, en même temps, vous avez été victimes de l'incurie de vos agents; car avec de l'activité, de la persistance dans les démarches, je ne puis croire qu'on ne vous eût fait payer ces mêmes loyers, quel que fût d'ailleurs le désordre qui pouvait exister dans les bureaux administratifs algériens !

N° 57. — **Hatchi-Braham.**

Cette propriété vous a été vendue en 1834, comme contenant cent cinquante paires de bœufs ou mille trois cent trois hectares, moyennant une rente de 400 fr.

Vous êtes maintenant dans une position *si ridicule, si inconcevable,* que je crois devoir entrer dans des développements assez longs à son sujet ; d'après les notes de M. Larible, elle serait située aux Hadjoutes, près du télégraphe ; un renseignement aussi concis ne signifiait rien, aussi aux pages 59 et 60 du rapport de 1847, j'engageais vos représentants à faire de suite des démarches pour se fixer d'une manière plus complète et plus précise, surtout près d'un sieur Roure, propriétaire à Alger, qui devait la bien connaître, puisqu'il vous poursuivait avec acharnement en payement de la rente grevant cette terre *que vous ne connaissiez pas encore*, rente dont il serait cessionnaire en partie.

Pour que vous soyez bien édifiés sur la bizarrerie de votre situation, il convient de rappeler ici de qui vous avez acquis en 1834, au nom de qui maintenant on réclame la rente de 400 fr., créée à cette époque.

Vos vendeurs étaient : Enhammed, Ben-Abdallah, ayant agi pour la dame Nefolia-Bent-Alhadj-Omar, de Blidah, et la dame Lehalja-Fatima-Bent-Ali-Pacha, ayant agi au nom de ses deux enfants.

Suivant un acte reçu, les 6 août et 3 septembre 1839, par Liautaud, notaire à Alger, Mohammed-Ben-El-Sid-Hamed, propriétaire à Blidah, Sid-Omar-Ben-El-Sid-Hamed auraient cédé à un sieur Léonard Raynaud, huissier à Alger, sept années s'élevant à 1,400 fr., et à partir du 15 mars 1840, de la rente de 400 fr. ci-dessus, dont moitié seulement leur aurait appartenu.

Vous remarquerez, 1° que rien n'indique dans cet acte le rapport qui peut exister entre les deux individus qui auraient cédé ces 200 fr. de rente au sieur Raynaud, avec les personnes dénommées dans l'acte de 1834.

Si c'est comme héritiers : on eût dû l'énoncer,

l'expliquer et le justifier ; l'acte de 1839 n'en dit pas
un mot ! 2° en supposant que les cédants du sieur
Raynaud eussent recueilli, comme héritiers, la succession d'un des vendeurs de 1834, comme cet acte
n'indiquait pas à qui et dans quelle proportion la
rente de 400 fr. qu'il constituait, serait payée, il eût
fallu que ces individus, pour consentir régulièrement
au sieur Raynaud le transport dont s'agit, eussent
justifié d'un partage prouvant qu'ils avaient moitié de
cette rente de 400 fr.! — Rien de pareil n'existe, ou au
moins il ne vous en a pas été justifié.

Le sieur Léonard Raynaud aurait, le 1er juin 1840,
cédé à un autre sieur Lazare Raynaud, le bénéfice de
son transport de 1839, et ce dernier aurait lui-même,
et par acte du 15 mars 1843, cédé quatre années de
ladite rente au sieur Roure, propriétaire à Alger, votre adversaire actuel (et qui, si nous sommes bien
informés, ne serait que *le prête-nom d'un tiers*).

Le 17 avril 1844, le sieur Roure vous aurait signifié son prétendu transport avec assignation (*en même
temps*) en payement de 200 fr. seulement pour une
année de rente ; de votre côté, vous auriez (vous, ou
vos auteurs, ce qui est la même chose), fait assigner,
le 20 mars 1845 et jours suivants, les vendeurs originaires, les sieurs Roure, Raynaud et le domaine,
en remise d'anciens titres, en délimitation de propriété, en réduction de rente, etc., etc.

Les diverses parties figurant dans ces deux instances en demandèrent toutes la jonction, mais le 28 no-

vembre 1846, le tribunal d'Alger, qui en était saisi, se déclara d'*office* incompétent, *ratione loci*, indiqua que la terre Hatchi-Braham, étant dans les Hadjoutes, ne pouvait dépendre de la juridiction d'aucun tribunal civil, *toutefois vous condamna aux dépens.*

Le sieur Roure ayant menacé d'une expropriation par un commandement du 14 septembre 1847, on lui fit proposer, ainsi qu'aux vendeurs originaires, au sieur Raynaud, et à un sieur Marc Bellard (dont je vous parlerai plus tard) que M. Savary suppose être devenu cessionnaire de ladite rente de 400 fr. en totalité, de se transporter à jour fixe et convenu à l'avance sur la propriété dont s'agit, avec un géomètre pour en indiquer la situation, la consistance et les abornements, en faire l'arpentage et la délimitation, contradictoirement avec votre géomètre qui s'y rendrait pour vous, et à défaut d'acceptation de cette proposition si rationnelle, dont le but était de prévenir de nouvelles tracasseries et des frais assez considérables, on les fit assigner tous en 1847 (vous ferez bien de lire, au secrétariat, des exemplaires de cette assignation qui contient plus de détails que ceux qui précèdent, sur ces divers transports, leur singularité, etc.) devant le commandant de Milianah, pour qu'ils eussent à faire connaître la situation et la contenance de la terre Hatchi-Braham, ses abornements, etc., et en reprise de votre instance du 20 mars 1845, aux fins de délimitation, réduction de rente, s'il y avait lieu, et remise de titres, etc.

Il est à remarquer que la direction des domaines fut, comme cela devait être, assignée pour sister sur cette demande, pour la conservation de ses droits, si elle en avait, de sorte que votre action se trouve ainsi dirigée contre *dix adversaires* différents, en y comprenant les vendeurs originaires, leurs prétendus cessionnaires et le domaine qui, dans l'espèce, n'a qu'un *intérêt de regard*, et n'avait été assigné que pour satisfaire aux prescriptions de l'ordonnance de 1844.

J'espérais que, sur la demande que j'en avais faite pour vous, je finirais par savoir de quelle manière on procédait devant les juridictions militaires de l'Algérie, près desquelles il n'y a ni avocats, ni avoués, ni défenseurs légalement institués, afin d'agir en conséquence pour donner suite à cette action ; lorsqu'à la date du 25 mai dernier, je fus informé *que le 28 mars* précédent, le juge militaire de Milianah s'était aussi déclaré incompétent, *et cela sur la demande et de la réquisition* de l'administration des domaines.

Un pareille décision rendue *arrière de vous* et des *neuf autres parties que vous aviez fait assigner*, me parut d'autant plus étrange qu'elle avait été provoquée par le représentant des domaines, et qu'elle ressemblait pour moi à une véritable surprise !!! Je ne pouvais et je ne puis comprendre que le domaine, qui connaît vos agents à Alger et à Blidah, n'eût pas jugé convenable de les faire prévenir, ou par un mot d'avis, ou par une signification quelconque, que son intention était de provoquer directement une décision, afin qu'en votre nom on eût à se mettre en mesure!

Je ne comprenais pas et je ne comprends pas encore que, puisqu'il y avait dix parties assignées en votre nom, et que le domaine *avait seul conclu* le 28 mars 1848 devant le juge militaire de Milianah, ce magistrat, qui avait dans l'assignation (que le domaine lui représentait), la preuve qu'il y avait dix défendeurs, n'eût pas rendu une décision de défaut et joints, conformément à l'article 153 du code de procédure et ordonné la réassignation des défaillants.

Je pensais bien que le code de procédure ne pouvait recevoir, devant une semblable juridiction, toute son application, et qu'il devait y avoir des règles spéciales, mais enfin je n'admettais pas, et je n'admets pas encore, que les décisions puissent être de nature à choquer la raison et *les règles du sens commun.*

Or, si cette décision, rendue arrière de vous et des neuf parties assignées en votre nom, est régulière, il s'ensuit que ces neuf autres parties pourraient aussi, au jour de leur convenance, se présenter à l'audience du juge militaire et provoquer aussi, sans vous en informer, une sentence spéciale sur l'assignation que chacune d'elles a aux mains, de telle manière que, sur la même demande, il pourrait intervenir dix décisions, puisqu'il y a dix adversaires, et que ces décisions, quoique émanant du même juge, et toujours arrière de vous, pourraient bien se contredire.

Enfin, quel que soit le laisser-aller avec lequel on peut agir devant ces tribunaux d'exception, je ne com-

prenais pas qu'on pût venir conclure, sans en prévenir d'une manière ou d'une autre, le demandeur,
quel qu'il soit, si intéressé à faire valoir les droits
dont il a saisi la justice.

De la part du domaine surtout, qui, en France,
procède par voie de significations ou mémoires extra-
judiciaires, je ne comprenais pas qu'en Algérie, il
pût agir autrement, et la décision qu'il avait provoquée et fait rendre me semblait si étrange que je
crus devoir en écrire, le 27 mai 1848, à M. le gouverneur-général, pour qu'il fît annuler cette décision,
soit par lui, soit par tout autre commandant militaire
(si cela était dans ses attributions, en vertu de quelque arrêté spécial à l'Algérie), et dans la supposition
que cette sentence pût lui paraître régulièrement rendue, je lui signalais le danger qu'il y aurait à ce que,
pour l'avenir, on ne préparât pas quelque arrêté indiquant les formes à suivre pour se défendre devant
ces juridictions d'exception, obliger les plaideurs à
se prévenir d'une façon quelconque, des conclusions
qu'elles entendaient prendre respectivement, et du
jour où elles les prendraient, de la nécessité enfin de
rendre obligatoire devant ces juridictions, l'art. 153
du code de procédure civile.

Le 12 juillet dernier, M. le gouverneur de l'Algérie, après avoir pris l'avis d'un membre du parquet
de la cour d'Alger, répondit qu'il n'avait pas le droit
d'annuler cette décision, mais que ce droit était dans
les attributions des généraux de divisions, dans le

ressort desquels étaient placés les commandants de place, dont les jugements paraissaient susceptibles d'appels.

Quant à la question de l'application de l'article 153 du code de procédure, le magistrat consulté par M. le gouverneur-général n'en avait pas dit un mot, de sorte qu'elle reste entière et que j'ignore encore si cet article est ou n'est pas obligatoire devant les juridictions militaires.

La lettre ou pétition du 27 juin 1848 étant adressée à M. le gouverneur-général (supposé, à tort, juge d'appel sur la matière dont il y était question), eût pu être renvoyée par lui à M. le général de division dont ressort Milianah, afin qu'il y fût fait droit par ce fonctionnaire; on n'en a pas agi ainsi; il conviendra peut-être que vous soumettiez directement et par une pétition nouvelle, la question à l'officier-général dont ressort le juge militaire de Milianah.

Voilà où, quant à présent, vous en êtes sur cette action; mais ce n'est pas tout, j'ai encore à vous signaler des incidents nouveaux concernant cette terre, et c'est là où après les bizarreries des actes de transport et des procédures que je viens d'indiquer, que votre position devient *quasi fabuleuse et vraiment ridicule.* — Ayez *patience*, vous apprécierez à votre tour.

Le 23 août 1848, M. Chabert écrivait avoir appris que le domaine considérait cette propriété comme lui appartenant, qu'elle était destinée à la formation de villages arabes.

Le 4 septembre suivant, il écrivait que l'État allait prendre et prenait quinze mille hectares de terre dans les Hadjoutes, pour cette création de villages, dans lesquelles Hatchi-Braham était compris, comme dépendant des anciens biens du beylik.

D'après cette lettre, il semblerait qu'en 1834, il n'était pas permis d'acquérir de biens dans les Hadjoutes, que les ventes faites étaient nulles, etc., etc.

De la part de M. Chabert, ce sont là de simples renseignements, auxquels il ne faut pas attacher plus d'importance qu'il ne convient, car il n'indique pas la date d'arrêtés qui auraient défendu de vendre ou d'acquérir dans les Hadjoutes.

L'ordonnance de 1844 porte bien une défense à ce sujet, mais ses prescriptions ne peuvent s'appliquer à des acquisitions faites dix ans avant, et en 1834.

En tout cas, il faut convenir qu'il est vraiment absurde que le domaine commence par s'emparer de votre propriété pour y créer des villages, lorsque la validité ou la nullité de vos titres n'a pas encore été prononcée par la direction civile de l'Algérie, qui a été saisie de votre demande à ce sujet, à la date du 9 février 1847.

Or, à moins qu'elle n'ait le droit de procéder avec le bon plaisir d'un pacha, il n'est pas possible que la direction des domaines (qui n'a pas le pouvoir de statuer sur la valeur à donner à des titres), puisse s'emparer de cette terre avant que la direction civile, qui a seule compétence à ce sujet, s'en soit occupée ; et cependant, d'après une autre lettre de M. Chabert, du 9 octobre 1848, elle paraît en avoir agi ainsi, et déjà des colons français seraient installés sur cette propriété!

A l'aide d'arrêtés d'urgence, et sauf à indemniser ensuite, l'État peut en Algérie s'emparer de certaines propriétés; mais dans l'espèce on ne vous signale pas d'arrêtés de ce genre, seulement on vous dit que le domaine prend votre terre, parce que vous n'auriez pas eu le droit de l'acheter : c'est sans doute un moyen très-simple pour trancher la question, mais ce moyen, pour être expéditif, n'en est pas moins déraisonnable.

J'ai cru devoir signaler ces faits à M. le ministre de la guerre, dans une pétition que j'ai déposée moi-même à Paris, le 15 septembre, pétition dont M. le directeur général des affaires de l'Algérie a accusé réception le 13 octobre dernier, en annonçant qu'il l'avait transmise à Alger, avec invitation qu'on lui fît, sans retard, un rapport à son sujet.

Il faut en attendre le résultat, pour savoir à quoi vous en tenir, des prétentions du domaine.

Eh bien! ce n'est pas tout encore; par sa lettre du 4 septembre devant citée, M. Chabert prévient que M. Roure a fait conduire, le 27 août précédent, une saisie-arrêt aux mains de M. Bousquet, un de vos fermiers à Blidah, pour avoir payement de 200 fr. pour une année de sa rente, et qu'il vous a assignés en validité (au *domicile* de M. *Blasselle*, votre défenseur de première instance), devant le tribunal d'Alger, pour vous faire condamner *solidairement* au payement de ces 200 fr.

Tout cela est vraiment assez étrange pour mériter le titre d'*inconcevable et d'absurde ! ! !*

Depuis 1834, jusqu'à 1842, on a payé, avec plus ou moins de raison et de loyauté, en votre nom, une rente de 400 fr. pour cette terre, par des quittances devant notaires, auxquels l'idée n'est pas venue de s'informer où elle était située, en quoi elle consistait!

Depuis, fatigués de ne pouvoir rien découvrir sur ce domaine, et voulant d'ailleurs profiter de l'ordonnance de 1844, vous avez assigné en remise de titres, en délimitation, etc , etc. Le tribunal d'Alger s'est déclaré incompétent, le commandant de Milianah en a fait autant.

Vous avez, le 8 février 1847, demandé à la direction du contentieux qu'elle s'occupât de délimiter cette terre, d'en apprécier les titres; vous n'avez pas encore de solution!

Puis, tandis que vous êtes ainsi, frappant à toutes les portes pour obtenir justice, sans bien savoir où vous devriez vous adresser, la direction des domaines s'empare de vos terres, et *cependant elle n'ignore pas* que vous les avez acquises, car elle avait été assignée en 1845 devant le tribunal d'Alger, puis en 1847 devant le juge militaire de Milianah. Mais cette administration ne croit pas devoir s'arrêter à ces prétentions, parce

9

que, pour elle, votre acquisition de 1834 serait
nulle !

Mais si cela pouvait être, est-ce que par hasard pour
couronner dignement l'œuvre de toutes ces étrangetés,
votre rente de 400 fr. n'en continuerait pas moins
contre vous, *de manière que vous dussiez payer, bien que
vous n'eussiez pas le droit d'acquérir, et que, par le fait,
vous n'eussiez rien en définitive.*

Puisqu'il y avait des juges à Berlin, on en doit
aussi trouver en France, et il y en a, et vous devez
espérer que le ministre de la guerre, sur votre pétition du 15 septembre dernier, voudra que justice soit
faite.

Mais, en attendant, il vous faut échapper aux poursuites du sieur Roure, qui, en présence des faits qui
précèdent, devront être appréciées bien sévèrement
par les magistrats du tribunal civil d'Alger.

Un mot à ce sujet, pour votre défense,

AU FOND :

1° M. Roure n'a pas plus de droits que ses cédants,
et ceux-ci n'ont jamais justifié qu'ils fussent propriétaires, en tout ou en partie, de la rente dont s'agit !

2° En supposant que ce fût bien comme héritiers
d'un des vendeurs originaires, il faudrait qu'au moins
un acte de partage eût déterminé leur part, et
qu'avant de poursuivre, M. Roure vous en eût fait
apparaître.

3° En présence des faits qui précèdent, il faudrait sans doute que M. Roure indiquât positivement la propriété, objet de tant de tribulations, qu'il en fît déterminer la contenance, et que d'abord il fît décider avec le domaine si, oui ou non, la vente de 1834 était ou non permise, afin de savoir ainsi si la rente qu'il réclame peut, ou non, être due et réclamée, sauf dans ce cas, la question de réduction, en cas de différence de contenance !

Les magistrats civils ne se font, eux, les complices de personne ! et avant de vous condamner à payer quoi que ce soit, ils voudront, soyez-en sûrs, que la lumière se fasse dans un pareil chaos !

En présence des faits devant analysés, et des termes de l'assignation donnée en 1847, au sieur Roure, pour comparaître devant le juge militaire de Milianah, sa demande du 27 août 1848, en validité de saisie-arrêt, leur paraîtra vexatoire, ridicule ! Ils trouveront que la main-levée en doit être prononcée, et n'hésiteront pas sans doute à vous accorder des dommages-intérêts d'indue-vexation, d'autant mieux qu'en la forme (et c'est le premier moyen à opposer au sieur Roure), les autres n'étant que très-subsidiaires, cette *nouvelle demande est nulle et contraire à l'article* 3 *de l'ordonnance du* 15 *avril* 1845.

En effet, ce n'est pas au domicile élu dans l'acte de 1834 que vous avez été assignés, mais au domicile de M. Blasselle, constitué par vous pour défendre dans vos autres procès, *et non* pour recevoir utilement toutes les assignations plus ou moins fondées qu'il plairait à tous les habitants de l'Algérie de vous faire délivrer, en invoquant avec autant de raison que le sieur Roure, la prétendue solidarité qu'il lui a plu d'imaginer !

Vous croyez sans doute maintenant que j'en ai fini de cette malheureuse propriété Hatchi-Braham, et que je n'ai plus de nouvelles causes de tribulations à vous indiquer à son sujet ; vous êtes dans l'erreur, j'ai à vous parler maintenant d'une poursuite en expropriation !

Vous n'avez pas oublié, qu'en 1834, cette propriété vous avait été vendue par une dame Nefaissa-bent-Alhadj-Omar, de Blydah, et une dame Hadja-Fatima-Bent-Ali-Pacha, ayant agi au nom de ses deux enfants, moyennant 400 fr. de rente.

Vous avez vu précédemment que, sans avoir établi ni leurs droits, ni leurs qualités, deux frères Sid-Hamed, se disant avoir droit à moitié de cette rente, en avaient cédé sept années d'arrérages à un sieur Raynaud, qui est maintenant, s'il faut en croire les procédures, représenté par M. Roure, dont je viens de vous parler.

Jusque-là, il ne s'agissait que des arrérages de cette rente de 400 fr., mais non de son principal ; seulement, comme en 1847, M. Savary avait entendu dire qu'un sieur Bellard, propriétaire à Alger, devait en être cessionnaire, bien qu'il n'eût fait aucune signification, on partit de ce soupçon pour l'appeler avec les sieurs

Roure, Raynaud et autres, devant la justice militaire de Milianah, où il a été assigné, et se trouve maintenant un de vos adversaires.

Ainsi, en 1847, il avait reçu de vous une assignation contenant l'énonciation de vos qualités, et vos réclamations diverses pour la terre Hatchi-Braham.

Cependant, à la date du 20 octobre 1847, avis vous fut donné que, le 30 septembre, votre propriété de Ben-Négro avait été saisie immobilièrement à la requête de ce sieur Bellard, faute par vous d'avoir payé 400 fr. pour une année au 15 mars 1847, de la rente créée le 15 mars 1834, dont il avait fait la demande par commandement du 16 août précédent, signifié au domicile de M. Martin, notaire.

Jamais M. Bellard ne vous avait rien réclamé à l'occasion de cette rente; jamais il n'avait, à votre connaissance, au moins, signifié de transport; *vous l'aviez bien fait assigner* (ainsi que M. Roure et joints) devant le juge de Milianah, par l'unique raison que M. Savary avait soupçonné qu'il en était cessionnaire; mais, comme il ne s'était pas fait légalement connaître, on était loin de supposer que jamais, à sa requête, une poursuite en expropriation pût être dirigée contre vous!

Aussi à la nouvelle de l'inconcevable saisie du 30 septembre 1847, je provoquai des explications près de M. Savary, qui, le 14 novembre suivant, répondit qu'il n'avait aucune connaissance que M. Bellard eût jamais fait signifier le transport en vertu duquel il agissait; qu'il avait ignoré le commandement fait par lui, le 16 août précédent, au domicile de M⁰ Martin, *commandement* que ce notaire lui avait remis depuis, puisqu'il l'envoyait avec sa lettre du 14 novembre.

Ce fut dans ce commandement que je dus rechercher l'explication des poursuites du sieur Bellard, et la preuve des droits qu'il invoquait. — Voici ce qui en résulte :

Aux termes d'un acte reçu par M⁰ Auger, notaire à Alger, le 30 mars 1846 (veuillez bien remarquer ceci), *Sid Mohammed*-Ben-Ali-Zénach, se disant agir comme mandataire : 1° de Mᵐᵉ Hadja-Fatima-Bent-El-Sid-Ali-Beledi, connue sous le nom de Ali-Pacha, et les neveu et nièce de celle-ci, *Hassem*-Mohammed-Kadjoudja et Aïcha, enfants d'Ibrahim Leturc (en vertu de pouvoirs que cette dame aurait eus le 20 août 1843); 2° Mohammed-Ben-Hamed-el-Turqui; 3° Sid Omar, cordonnier; Ben-Hamel-Turki-el-Belini; 4° El-Sid-Kalel, Ben-Sid-Mohammed-Sid-Ali-Pacha, aurait cédé avec garantie, au sieur Bellard, la rente de 400 fr., créée en 1854, pour raison de la terre Hatchi-Braham, ou El-Kakem, laquelle aurait appartenu aux cédants, comme seuls héritiers survivants de feu *Sid-Hadi-Ibrahim-Kakem*, de Blidah, un de leurs auteurs; suivant que cela résulterait de trois actes de notoriété, des 16 mars 1834, 28 avril 1836 et 7 mars 1847.

Il n'avait pas été question de ces divers individus dans votre contrat d'acquisition du 15 mars 1834, ni dans sa nouvelle réalisation devant le notaire, à la date du 11 mai 1836 ; rien n'établissait d'une manière non pas légale, mais *seulement rationnelle et compréhensible*, les rapports qui auraient pu exister entre vos vendeurs , en 1834, et les prétendus cédants de M. Bellard, en 1846 ; en comparant les noms de ces individus avec ceux qui avaient aussi consenti un transport au sieur Raynaud , les 6 août et 3 septembre 1839 , il était impossible (de quelque bonne volonté qu'on fût doué) d'y rien reconnaître.

Le transport, accepté dans de pareilles conditions par le sieur Bellard , n'était pas moins surprenant que la saisie immobilière exercée en son nom, sur votre *propriété de Birkadem* , sur laquelle il n'a aucun droit hypothécaire, aussi je m'empressai de rédiger pour vous un mémoire, dans lequel j'indiquais que cette poursuite en expropriation était ridicule, monstrueuse et d'une nullité absolue, par les motifs suivants :

1° Faute de justification d'aucuns des prétendus droits des cédants du sieurs Bellard, et d'aucune signification de ces actes ;

2° Faute de pouvoirs donnés à l'huissier pour procéder à la saisie du 30 septembre 1846, conformément à l'article 556 du Code de procédure ;

3° Faute de droits hypothécaires, aux termes de l'article 2209 du code civil, sur la propriété saisie.

En effet, M. Bellard, si son transport était valable , n'aurait d'hypothèque que sur la terre Hatchi-Braham, située aux Hadjoutes, en dehors de la juridiction de tous tribunaux civils, et la propriété de Ben-Negro , sur laquelle il n'a ni hypothèque ni inscription, est située près d'Alger, et dans l'arrondissement du tribunal de cette ville;

4° Pour avoir été pratiquée sans observer les délais de distance, et après un simple délai de trente jours, par suite d'un commandement énoncé fait chez M° Martin, notaire à Alger, le 16 août, lorsque la saisie était du 30 septembre, et que tous vous habitez en France.

Ce mémoire, que je vous engage à lire, fut adressé à M. Blasselle pour être signifié en votre nom, avec une demande de 1,500 fr. de dommages-intérêts.

Depuis, M. Bellard a senti, sans doute, l'odieux de sa conduite, car il a abandonné ses poursuites, et n'a pas été (que je sache) jusqu'à faire apposer des placards annonçant votre expropriation!

Mais il n'a pas encore été statué sur les moyens de nullité invoqués en votre nom et votre demande en dommages-intérêts.

M. Blasselle n'avait pas suivi l'audience à cet égard, dans la pensée que j'arriverais à Alger dans le mois de mars 1848, pour être présent à la décision qui serait rendue. Mais les événements survenus alors m'ont empêché (comme vous le comprenez sans doute) de faire ce voyage, et il sera utile de provoquer, dès que vous le désirerez, une décision dont le résultat ne saurait être douteux.

Le débat ne pourra, j'imagine, porter que sur le chiffre des dommages-intérêts; mais il vous en est assurément dû ; il n'y a pas d'expression, suivant moi, qui puisse qualifier d'une manière convenable, une pareille saisie immobilière, dans la position où se trouvait, vis-à-vis de vous, le sieur Bellard (que l'on doit aussi supposer n'être que le prête-nom d'un tiers.)

Voilà, messieurs, où vous en êtes définitivement pour votre terre Hatchi-Braham. — Assurément, si les rédacteurs de l'ordonnance de 1844 pouvaient avoir connaissance de toutes les angoisses, de toutes les vexations que vous avez à subir, ils regretteraient d'avoir permis aux créanciers de rentes en Algérie, ou à leurs ayant-cause, de chercher à se faire payer, avant d'avoir mis leurs acquéreurs en possession des biens par eux acquis, et d'avoir fait décider que les actes de vente consentis étaient valables, conformes aux prescriptions de l'ordonnance !!!

Pour moi, et bien que l'Algérie m'ait offert plus d'un échantillon de *poursuites ridicules*, de *positions bizarres*, je n'en connais pas de plus étranges que tout ce qui se rapporte à cette propriété, et il y aurait utilité, suivant moi, à ce que tout ce qui y a trait, fût connu et de nos gouvernants et des divers chefs de services publics d'Alger ; ils y trouveraient matière à plus d'une réflexion utile pour le pays, et sur les vices de sa législation et sur les vices de la procédure et la facilité avec laquelle les notaires reçoivent des actes de transport, sans obliger les parties à expliquer et justifier leurs droits, et de manière à laisser ainsi un si vaste champ aux contestations de toute nature.

N° 60. — Terre Charfa.

A l'occasion de cette terre (dont vous ne jouissez pas) et qui, au lieu de contenir mille trois cent trente-trois hectares, près *du marché de l'Arba*, n'a paru à M. Larible contenir que deux cents hectares à peine, j'ai peu de chose à ajouter aux documents contenus au rapport de 1847.

Vous savez que vous avez devant la cour d'Alger plusieurs affaires à l'occasion de cette terre, *contre le même sieur Bellard*, dont je viens de vous parler, à l'occasion de la propriété n° 57.

Comme les procédures faites par le sieur Bellard sont à peu près les mêmes que celles imaginées par le sieur Bacuet (dont il n'est, m'a-t-on dit, que le prête-nom), pour la propriété n° 10, Ben-Hassem, j'avais chargé M. Audebert de se constituer, pour vous, en remplacement de M. Barberet, et de faire ordonner la délimitation et l'expertise de ce domaine, afin d'en faire ainsi réduire la rente et avoir raison des chicanes de ce sieur Bellard.

M. Audebert ayant quitté l'Algérie sans s'être occupé de ces procès qui concernent une de vos plus importantes acquisitions (et cela bien que, d'après une lettre du 30 octobre 1847, on eût dû croire qu'il s'en occupait), M. Villacrosse a été récemment prié de réunir les pièces, de se constituer pour vous et d'agir.

Dans la pétition du 22 septembre 1847, on réclamait de l'administration qu'elle expulsât les Arabes établis sur la terre Charfa, ou qu'elle essayât de vous faire payer par eux une indemnité de 1,000 fr. par an, à partir du moment de leur installation.

Cette pétition est restée sans réponse, et votre propriété est toujours occupée par les Arabes; on s'occupera de les renvoyer lorsque, sur votre demande du 8 février 1847, l'administration aura procédé à la délimitation de cette propriété et statué sur la validité de vos titres.

D'après une lettre du 25 mars 1848, de M. Savary, il semblait que cette délimitation allait avoir lieu; il s'était même rendu sur les lieux pour y être présent; mais les délimitateurs sont rentrés à Alger, et M. Savary s'était déplacé inutilement, ce qui paraît s'être répété plusieurs fois et pour d'autres propriétés, ce qui annonce qu'on ne procède pas avec une ponctualité bien sévère aux *jours fixés, et donne lieu pour les intéressés à de faux frais de déplacement, qu'on devrait cependant leur viter!*

N° 61. — Terre **Koucheche** ou **Abroméli.**

Je n'ai rien à ajouter pour cette terre, à ce que

porte le rapport de 1847; vous attendez toujours la délimitation de cette propriété, dont vous avez payé le *prix comptant* et dont cependant vous ne jouissez pas.

Depuis 1847, et à l'aide des documents consignés au rapport de 1847, M. Savary eut dû s'occuper de la voir, et s'adresser à M. Rayolle, votre voisin. Il n'en a rien fait, et cependant il ne lui eut pas fallu dépenser beaucoup de zèle pour arriver à se fixer sur l'importance réelle de cette propriété et sa contenance.

Du reste, l'administration s'occupera bientôt, sans doute, de la délimiter, et vous finirez ainsi par savoir à quoi vous en tenir.

Jusqu'à présent cette terre ne vous a rien rapporté, mais au moins elle ne vous a valu aucun procès. Dieu en soit loué!

CONCLUSION.

J'ai terminé, messieurs, ce que j'avais à vous dire sur chacune de vos propriétés; j'ai cru utile d'entrer dans d'aussi longues et pénibles explications, afin qu'à l'avenir chacun de vous puisse, en s'aidant du rapport de 1847, y trouver les éléments nécessaires pour contribuer de sa personne à activer la solution des nombreuses difficultés dont je vous ai rendu compte, malgré le sentiment pénible que vous devez éprouver,

en voyant combien peu vos affaires ont avancé depuis
1847! combien il reste encore à faire! Vous pouvez
cependant apprécier ce qu'il a fallu d'énergie et de
force de volonté aux membres de votre nouveau comité pour prévenir la perte totale des capitaux considérables par vous engagés, en 1834, dans l'acquisition de biens dont, depuis, vous vous êtes si peu occupés, et pour vous empêcher de succomber sous les
effets de la négligence de vos anciens mandataires, et
des poursuites scandaleuses dirigées contre vous!

Maintenant, vous devez reconnaître combien il eût
été imprudent, soit de vouloir partager, soit de vouloir vendre des biens que vous ne connaissez pas encore, et cependant on vous en a parlé plusieurs fois!

Vous devez reconnaître le danger qu'il y eût eu pour
vous à suivre, en 1846, le conseil qu'on vous donnait
de rembourser vos prétendus créanciers; car vous
eussiez donné de nouveaux capitaux pour acquitter le
prix de propriétés dont bon nombre vous sont encore
inconnues, dont la plupart sont occupées par des Arabes, et dont l'administration pourra vous enlever une
partie, si vos titres ne sont pas reconnus conformes
aux prescriptions de l'ordonnance de 1844.

Depuis 1847, on a parlé plusieurs fois de la nécessité de faire des foins et de se mettre en possession
de vos domaines; il semblait qu'il suffisait de le vouloir pour exécuter une mesure si rationnelle, si
simple en apparence et si utile pour vous! Et maintenant vous voyez que, malgré les poursuites faites

contre le sieur Sionville, vous ne pouvez encore prendre possession de la terre Marman (terre n° 12), parce qu'il vous faut plaider avec la famille Embarek!

A Ben-Hassem (propriété n° 10), où, en 1847, on avait pensé pouvoir vendre des foins à votre profit, vous voyez le maire de Maelma et M. Bruat élever des prétentions, qui, en cas de ventes de foins, vous auraient valu des tracasseries nouvelles!

A Ben-Aroun (propriété n° 3), vous voyez qu'on ignore quelle est la propriété de ce nom, qui pourrait être celle qu'on a voulu vous vendre en 1834!

Vous vous croyiez propriétaires de la terre Ben-Salah (n°s 51 et 52), à l'occasion de laquelle vous avez subi des condamnations et payé plus de 2,000 fr. de frais d'expertise, et un arrêt du 10 avril 1848 décide que vos titres ne s'appliquent pas à cette terre!

Donc il y eût eu imprudence à entrer dans cette voie, qui semblait vous séduire et vous eût grevés des frais assez considérables qu'eût coûtés un troisième mandataire, dont la mission exclusive eût été de s'occuper de foins qui lui eussent été disputés partout, et qu'il n'eût pu récolter nulle part!

Aussi je vous répète maintenant ce que je vous disais alors : Ce serait sottise de songer à partager ou à vendre; une vente sur licitation judiciaire vous ferait les victimes d'agioteurs qui se réuniraient pour obtenir à vil prix des biens que vous ne connaissez pas encore, et qui déjà vous ont coûté des sommes énormes! Une seule, une unique chose est à faire, c'est de continuer à s'occuper de la reconnaissance de vos biens, de leur délimitation, d'en être mis en jouissance, et d'obtenir que la validité de vos titres soit prononcée par l'administration ! En attendant, tenez tête à tous les acheteurs de rentes, à tous les spéculateurs apparents ou cachés qui voudraient vous forcer à payer, sans vous rien livrer, des biens qu'ils soutiennent être leur gage ! Forcez-les à subir l'arpentage de ces biens qui contiennent si peu, eu égard aux contenances qu'on vous avait promises ! vous arriverez ainsi à des réductions énormes sur le capital de ces rentes, qu'on a payées si longtemps pour vous, et les restitutions qu'on aura à vous faire pour arrérages payés sur un taux qui sera reconnu excessif, auront pour effet d'annihiler vos dettes ou à peu près ! *Pressez*, *pressez*, mais attendez l'appréciation de vos titres ; alors, *seulement alors*, vous pourrez songer avec sécurité à utiliser vos propriétés ou à les vendre !

Si, depuis 1834, vous aviez agi en spéculateurs, vous eussiez trouvé des imprudents qui auraient traité de vos *contrats* pour les négocier à leur tour ! Comme si la remise de ces actes eût pu assurer à ceux qui s'en seraient trouvés porteurs, la propriété et la possession paisible des domaines auxquels ils se rapportent ! Vous auriez réalisé des bénéfices, mais vous auriez fait des dupes qui ne manqueraient pas maintenant de vous traiter de flibustiers et de voleurs !

Leurs reproches seraient injustes, car vous n'au-

riez fait que les substituer à des droits assez mal établis et trop légèrement acquis! Mais ces reproches
n'en existeraient pas moins ; on ne peut vous les faire,
puisque, depuis 1834, vous n'avez rien vendu, *rien*,
pas même une portion de ceux de vos biens dont vous
jouissez et qui sont en dehors de tout débat, de toute
vérification!

En 1834, vous aviez cédé à un entraînement irré-
fléchi peut-être, à un engouement qui faisait supposer que l'Algérie allait de suite recevoir le trop plein
de notre population française! et, malheureusement
pour le pays, il n'en a pas été ainsi! Mais, après
avoir agi en imprudents, au moins vous avez agi en
gens d'honneur, en ne voulant pas céder des droits
pouvant présenter tant d'incertitudes et exposer à
tant de tracas!

Aussi, en Algérie, nul n'a le droit de mal penser
de vous! On a pu *vous exploiter et vous voler*; quant à
vous, vous n'avez ni exploité ni volé personne! Quant
à vos luttes, à vos efforts actuels, ils n'ont qu'un but,
c'est d'obtenir de la justice et de l'administration la
mise en possession de ce qui vous a été vendu; une
coopération impartiale, mais active, qui vous aide à
découvrir les auteurs de tous les tripotages dont on a
voulu vous rendre victimes, une prompte appréciation de la valeur de vos titres, parce qu'ensuite et
lorsque vous saurez à quoi vous en tenir, vous pourrez songer avec avantage, mais avec sécurité pour
tous, à vendre vos petites propriétés pour rentrer en

partie dans les sommes considérables que vous avez déboursées, et à mettre en valeur et en véritable culture quelques-uns de vos grands domaines.

Que ce moment de la justice arrive bientôt pour vous, et dans votre intérêt et dans celui de l'Algérie! car alors je vous répéterais ce que je vous disais en 1846 :

« Vous avez, en 1834, fait une opération de spé-
« culateurs; vous pouvez l'élever à la hauteur d'un
« acte de patriotisme, en fécondant vos terres, en
« les peuplant de cultivateurs capables et laborieux;
« en procédant ainsi, vous servirez autant vos inté-
« rêts que ceux de la France et de l'Algérie! »

Et ce langage, messieurs, chacun de vous l'entendra, j'en suis convaincu, et je vous le tiendrais dès aujourd'hui pour votre terre Kodja-Berry-St-Charles (n° 49), si, en 1847, les circonstances ne m'avaient empêché d'aller en Algérie, comme j'en avais arrêté le projet avec vous, et si maintenant vous n'étiez effrayés de tous les embarras qui s'attachent à vos diverses acquisitions, à l'incertitude de leurs contenances et de leur conservation, et de toutes les chicanes dont vous avez à vous défendre, de tous les mauvais vouloirs et de toutes les lenteurs dont vous avez à souffrir!

Mais patience, messieurs, confiance et courage, et justice vous sera rendue!

A Messieurs les Ministres de la Guerre et de la Justice.

MESSIEURS,

Les embarras de vos positions respectives ne peuvent vous permettre d'examiner vous-mêmes le rapport qui précède, les détails qu'il contient, et qui, à n'en pas douter, provoqueraient votre sollicitude ; cependant votre intervention collective nous est nécessaire pour que justice soit faite, veuillez bien donc accorder quelques minutes à la lecture de la présente : vous serez, je l'espère, frappés des faits qu'elle vous révélera.

Depuis 1834, nous avons acquis, en Algérie, les propriétés indiquées aux nos 2, 12, 30, 39, 59 et 60 du rapport qui précède. Nous avons longtemps payé les rentes assez considérables par lesquelles ces propriétés ont été acquises, sans connaître même leur situation.

Ce n'est que depuis 1844 et 1845, que nous sommes parvenus, à grands frais, à savoir qu'elles existaient, qu'elles *étaient occupées et très bien cultivées par des Arabes.*

Nous avons vainement essayé d'obtenir que ces

Arabes consentissent à en jouir comme nos fermiers, et nous payer un loyer quelconque, qui nous indemnisât des sacrifices que nous avons déjà faits en Algérie, et qui dépassent *maintenant* 700,000 *fr*.

Les uns et les autres ont toujours eu des prétextes pour s'y refuser, et lorsqu'ils ne se prétendaient pas propriétaires, comme l'a fait d'abord le sid Embarek, pour la propriété n° 12, ils se disaient fermiers d'autres Arabes ou occuper *des biens du beylik*, réponse à l'aide de laquelle ils continuaient et continuent encore d'occuper ces mêmes biens sans rien payer.

Obligés de soutenir des procès plus ou moins scandaleux, contre les divers individus qui se disent maintenant cessionnaires des rentes, moyennant lesquelles nous avons acquis en 1834 (et dont il est rendu compte dans le rapport qui précède), nous ne pouvions encore intenter des actions directes contre les divers occupants de ces biens, pour les faire expulser; une pareille mesure eut été ruineuse pour nous; d'ailleurs, elle eut été imprudente en présence de l'ordonnance du 1er octobre 1844, qui porte que la validité de toutes les acquisitions de cette nature ne pourra être prononcée que par l'administration, après délimitation des lieux et examen des titres, puisque si, par événement, nos titres pouvaient n'être pas suffisants, nous aurions ainsi fait des poursuites coûteuses et inutiles.

Pour obéir aux prescriptions des ordonnances et dans les délais utiles, nous avons déposé nos titres, et réclamé la délimitation de nos biens, ainsi que cela est indiqué sous les numéros relatifs aux propriétés dont s'agit.

Mais à raison : 1° de la grande masse d'opérations de ce genre que l'administration avait à faire ; 2° de l'insuffisance dans le nombre du personnel de cette administration, on ne s'est pas encore occupé de ces biens. De sorte que, pour nous, la question de propriété reste toujours incertaine ; mais quant aux Arabes ils continuent d'occuper ces mêmes biens.

Dans une pétition, du 22 septembre 1847, nous demandions (qu'en attendant la décision de la direction civile, sur les titres), l'administration nous subvînt pour obliger ces Arabes, soit à justifier de titres qu'on pût supposer opposables aux nôtres, soit à reconnaître qu'ils occupaient comme nos fermiers, soit à déguerpir.

Les circonstances n'ont pas permis, sans doute, qu'on s'occupât de ce point très-grave de notre position.

Une pareille situation doit cependant avoir un terme, et votre intervention collective, messieurs, suffira pour qu'il en soit ainsi, et pour que la justice puisse peut-être avoir à poursuivre plus d'un coupable, si, sur votre demande, elle est appelée à nous subvenir : car nous avons lieu de soupçonner que ces mêmes Arabes payent *à des tiers* (qui n'y ont aucun droit) des redevances pour raison des biens qu'ils occupent ainsi depuis plusieurs années.

Ces redevances pourraient bien se trouver parta-

gées entre de prétendus chefs Arabes et des Français ;
nous n'accusons et ne pouvons accuser personne à
cet égard, nous ne faisons qu'exprimer nos soupçons
que les circonstances rendent très-vraisemblables ; en
intervenant, la justice pourrait probablement en acquérir la confirmation.

Ou ceux qui nous ont vendu étaient propriétaires, ou *ils
ne l'étaient pas?* Dans ce dernier cas, ils nous auraient
volés, et la justice aurait un compte sévère à leur demander.

Ou, au contraire, ils étaient propriétaires, et dans
ce cas, c'est sans aucun droit que les Arabes actuels,
qui occupent ces biens, les font valoir, et ils doivent
se retirer ou nous payer un fermage quelconque!

Il ne leur suffit pas : 1° de se prétendre propriétaires, il leur faudrait représenter des titres qui fussent préférables aux nôtres ; et, dans ce cas, nos vendeurs auraient à nous garantir ; 2° *ou de soutenir* qu'ils
sont les fermiers d'autres Arabes ; car, alors, ils devraient justifier de quittances, et dans ce cas, ces
payements exigés pourraient constituer de l'escroquerie de la part de ceux qui les auraient exigés, s'ils ne
justifiaient d'actes de propriété meilleurs que les
nôtres, *et la justice et la direction des domaines auraient
encore à agir.*

En effet, en supposant même que nos titres ne va-
lussent rien ; si l'on était conduit à penser que ceux
invoqués par les prétendus propriétaires de ces Arabes ne valent pas mieux, le domaine aurait à reven-

diquer ces biens, et à les faire rentrer à l'état, puisque nul n'aurait de titre valable, et à exiger une location directe.

Sans doute, cette appréciation de titres se fera ultérieurement, et au moment où l'administration s'occupera et de délimitation et de vérification des titres de propriété.

Mais le moment peut être éloigné encore, *nous l'attendons depuis le 8 février* 1847, et nous ignorons quand on pourra s'occuper de nous, en présence de toutes les mutations opérées en Algérie depuis quinze mois, et dans les ordonnances, et dans le personnel des administrations.

Dans une pareille situation, *il y aurait raison, équité et justice,* à ce que vous voulussiez bien, messieurs, nous subvenir.

Il ne s'agit pas de se préoccuper d'un intérêt privé, qui ne peut ressortir que de la justice ordinaire, mais de rechercher dans des localités où toutes nos lois françaises ne sont pas encore en vigueur, où la propriété n'est pas encore certaine en présence de l'ordonnance du 1er octobre 1844 : 1° s'il n'est pas vrai que nous représentons des contrats réguliers en la forme, qui, quant à présent et jusqu'à leur appréciation définitive par l'autorité compétente, doivent nous faire considérer comme propriétaires sérieux ; 2° si ces propriétés existent comme nous le déclarons, si elles ne sont pas exploitées et cultivées par des Arabes, qui s'en disent, les uns propriétaires, les autres simples fermiers, *comme les tenant d'autres Arabes ;* 3° d'exiger que ces mêmes Arabes justifient de titres ou de quittances, pour colorer leurs prétendus droits, soit devant messieurs les chefs des bureaux arabes ou devant les magistrats ordinaires, qui auraient à vérifier la préférence qu'ils devraient accorder (et sans rien préjuger sur la propriété définitive) aux titres qui seraient respectivement produits.

A ce moyen on acquerrait la preuve infaillible que plusieurs de ces Arabes payent un fermage quelconque ou à de prétendus chefs ou même à des Français, et cela pour des propriétés qui , *jusqu'à présent, sont à nous, pour lesquelles nous payons des rentes !* pour lesquelles nous avons subi les poursuites les plus rigoureuses! on ferait alors comprendre à ces mêmes Arabes que c'est à tort qu'ils payent des loyers à d'autres qu'à nous (si nos titres paraissaient réguliers et préférables); qu'ils ne peuvent continuer d'occuper ces biens qu'en se reconnaissant nos fermiers, et en traitant avec nous pour leur occupation , ou qu'à défaut ils doivent se retirer. On préviendrait ainsi des collisions fâcheuses, comme l'exprime notre pétition du 22 septembre 1847. Cette intervention directe de l'autorité la mettrait à même, dès à présent, de reconnaître plus d'un acte coupable , dont elle pourrait poursuivre les auteurs, ce qui serait justice; car s'il y a là vol et escroquerie, ce que l'instruction dévoilerait , le châtiment, quoique tardif, n'en serait pas moins de la justice.

Une pareille mesure, pour chacune des six propriétés dont il est question ci-dessus, n'exigerait pas un
travail de plus de deux à trois heures pour chacune
d'elles ; car, sur l'ordre qui leur serait donné par l'autorité militaire, ces mêmes Arabes ne manqueraient
pas d'apporter leurs prétendus titres, pour expliquer
et justifier (s'il était possible) leur occupation, et les
fonctionnaires devant lesquels ils auraient à comparaître, pourraient aisément apprécier les explications
qui leur seraient données et les actes qui leur seraient produits, en les comparant avec nos titres personnels, déposés depuis le 8 février 1847, à l'administration.

Ce mode de procéder nous ferait sortir, sans aucun
doute, *de la position ridicule et absurde dans laquelle
nous sommes depuis quinze ans*, d'être propriétaires (ou
au moins de nous croire propriétaires) de biens dont
nous ne jouissons pas ! de biens *qui existent cependant,*
et sont *bien cultivés* par des tiers, mais non comme
nos fermiers ! *De payer cependant des rentes, de subir des
condamnations et des tracasseries* de toute espèce, et ex-
pliquées sous les numéros se rapportant aux propriétés objet de la présente pétition.

Il faut subir une position pareille pour la croire possible ! cependant elle est la nôtre, quelque invraisem-
blable et absurde qu'elle paraisse !

Veuillez donc, messieurs, vous en préoccuper et
donner des ordres en conséquence, vous ne ferez là

qu'un acte de haute *justice collective*, et c'est à votre justice seulement que nous faisons appel.

J'ai l'honneur d'être,

MESSIEURS LES MINISTRES,

Au nom des Membres formant le Comité de la Compagnie Rouennaise-Algérienne,

Votre très-humble serviteur,

BAILLET,
Président du Comité.

RÉFLEXIONS

LA COLONISATION.

Messieurs,

En échange du temps que j'ai employé au service de vos intérêts, permettez-moi maintenant de réclamer votre attention sur quelques réflexions concernant l'Algérie, et qu'il me paraît utile de vous soumettre.

En supposant mes idées justes, je ne pourrais parvenir seul à les faire entendre et consacrer; car, sous tous les gouvernements, quelle qu'en soit la forme et la durée, les chefs de corps sont trop occupés, trop écrasés d'affaires pour pouvoir examiner et étudier eux-mêmes des observations, si justes qu'elles soient, quand elles n'émanent que d'un citoyen n'ayant aucun caractère public; on craint (et souvent on a raison) de ne rencontrer que l'œuvre d'un intrigant, empruntant le masque du patriotisme pour servir ses intérêts

propres et faire chèrement payer ses conseils ou ses
services.

D'un autre côté, il y a dans notre département tant
de préventions contre l'Algérie, malgré les avantages
que, dès à présent, notre industrie en retire, et qui
ne pourront que s'accroître avec le temps, qu'il est
très-difficile d'obtenir un simple examen d'idées qu'on
condamne, sans se donner même la peine de les
étudier.

Or, si ce que j'ai à vous soumettre vous frappe,
chacun de vous, à l'aide de sa position, de ses ami-
tiés, de ses relations, pourrait faire parvenir ses réflexions propres, sinon aux membres du gouvernement, au moins à leurs conseillers les plus proches,
et les reproduire au milieu de nos concitoyens.

Après le rapport assez long qui précède, je n'abu-
serai pas longtemps de vos moments, et j'arrive de
suite aux points sur lesquels je réclame votre attention.

PREMIÈRE RÉFLEXION.

Le gouvernement désire que la colonisation de l'Algérie marche et se développe rapidement. C'est une
bonne pensée dont il faut lui savoir gré et dans laquelle il faut l'aider; mais, pour être sérieuse et
durable, la colonisation ne peut se faire qu'avec

une grande circonspection, une sage lenteur, beaucoup de précaution!

Il n'est pas vrai, en effet, que cette colonisation puisse s'improviser en un instant, *par torrents et par flots*, comme certaines gens le proclament! Les terres de l'Algérie, toutes fertiles qu'elles sont, n'empêcheront pas ces colons de tomber dans la plus profonde misère, si l'on ne prend pour eux et à l'avance, des mesures *qui les protégent*. Il ne suffit pas de les entasser, de presser leur départ et de les jeter sur un point donné. Il faudrait que, d'abord, leurs logements fussent préparés, que leurs moyens de travail et d'existence dans l'avenir fussent assurés; et l'on peut craindre qu'on ne s'en soit pas assez préoccupé, et qu'avec de bonnes intentions, du reste, on ne soit allé contre le but qu'on se propose (au moins pour la province d'Alger, la seule que je connaisse un peu, et sur laquelle je hasarde mes observations, non pas sans crainte de me tromper, je vous l'avoue, car je sais que pour aborder un pareil sujet avec autorité, il faudrait avoir habité et étudié le pays plus que je n'ai pu le faire; mais, enfin, je vous indique mes impressions personnelles, telles que je les éprouve).

Les journaux nous ont annoncé que des convois de colons avaient été dirigés sur cette province; que ces colons avaient été accueillis avec enthousiasme à Alger, à Bouffarik, à Blidah; mais je crains qu'après avoir reçu ces ovations, et en arrivant aux points qui leur sont fixés, ils n'aient pas trouvé des villages établis et bâtis de manière à les recevoir convenablement, eux et leurs familles, et que bon nombre n'ait à souffrir d'une installation trop précipitée, à regretter plus tard d'avoir quitté la France, ce qui pourrait effrayer ceux qui, maintenant, seraient disposés à les suivre.

J'aurais compris qu'on organisât des convois d'ouvriers maçons, charpentiers, menuisiers, tailleurs de pierres, briquetiers, afin de les fixer par portions sur les poiuts où des villages doivent être créés, et de les occuper à les élever ; parce qu'une fois les constructions achevées dans une localité, on y eût dirigé des convois de colons pour les habiter et cultiver les terres, et parce qu'en même temps on eût employé ces mêmes ouvriers contructeurs sur un autre point et dans le même but.

On ne paraît pas en avoir agi ainsi : les colons, pour la plupart, trouveront, en arrivant, des baraques en bois, ce qui ne saurait offrir à tous des logements sains et commodes. Sans doute, on les occupera plus tard, chacun suivant leur spécialité (et concurremment avec les ouvriers de tous états que contient déjà l'Algérie), à contribuer à la construction des bâtiments nécessaires, ce qui, en même temps qu'ils songeront à défricher leurs terres, leur fournira un travail utile en leur assurant un salaire. Mais ce mode d'opérer n'en laisse pas moins à désirer, parce qu'il m'eût semblé important qu'à leur arrivée, ces colons eussent trou-

vé des logements complets, impénétrables aux brouillards et commodes.

En allant aussi vite, on a dû céder aux nécessités et
aux entraînements du moment ; mais, pour l'avenir,
il serait sage de ne laisser partir de colons que lorsque les habitations seront faites.

Pour obtenir ce résultat, il conviendrait, pour faire
un emploi utile des 50 millions votés pour la colonisation, qu'on étudiât et arrêtât à l'avance l'emplacement destiné à chaque village nouveau et sa superficie ; qu'on en destinât un aux habitants d'un même
département, afin de grouper ainsi des individus
ayant une même origine et par cela même plus de fa-
cilités pour s'habituer à leur position nouvelle, et
que, de plus, *on créât dans chaque village deux à trois
grandes exploitations* principales, où la plupart des
colons trouveraient à se livrer à leurs professions
spéciales et plus usuelles, après avoir soigné le lot de
terre qui leur serait assigné.

En arrivant en Algérie, chaque colon ne trouvera
pas, dans sa petite exploitation particulière, de quoi
occuper tout son temps et celui de sa famille ; le
produit, dans les premiers temps surtout, ne le
mettra pas à même de subvenir à ses besoins et à
ceux des siens, s'il n'est secouru par l'État ; il faut
pour cela qu'il puisse trouver (en employant l'excédant de son temps dans des exploitations voisines),
un salaire qu'il puisse ajouter à ce que produira son
lot de terre, autrement il serait plus à plaindre qu'en

France. Or, en créant deux ou trois grandes fermes principales, ceux qui les exploiteraient seraient, malgré leur personnel propre, obligés de recourir à des bras étrangers pour faucher les foins, rentrer les récoltes; ils auraient besoin du charron, du maréchal, du bourrelier, du maçon, etc., etc., de leur village, au bien-être desquels ils contribueraient et dont les services leur seraient indispensables.

Ce n'est qu'en procédant ainsi, en faisant entrer dans chaque centre de population des colons de professions spéciales et diverses, qu'on pourra espérer de bons résultats et procurer un véritable bien-être à ceux qui seront appelés à les former.

Sans doute, ce mode est plus coûteux; il ne permet pas de fonder rapidement un aussi grand nombre de villages nouveaux; cependant il me paraît le meilleur, car il est plus important de procéder bien que de procéder vite, afin d'assurer efficacement la colonisation par les soins qu'on aura pris pour donner, aux premiers colons partis, une existence assurée et meilleure que celle qu'ils avaient en France, et les moyens d'utiliser réellement les terres dont on les aura faits propriétaires.

Dans les campagnes du pays de Caux, on rencontre de petits cultivateurs qui font valoir aussi deux à trois hectares de terre, mais en même temps ils sont tisserands, charpentiers, charrons, maçons, etc., etc., et ils trouvent, dans l'exercice de leur profession, le

moyen de vivre, parce qu'ils en ajoutent les produits
à ceux de leur faire-valoir.

En Algérie, il n'y aura pas de tissage, et sans grandes fermes où ils puissent s'occuper, les colons qu'il
s'agit d'y fixer ne trouveraient pas de ressources suf-
fisantes pour vivre et les moyens d'employer leur
temps.

La terre est fertile, soit, le fait est vrai, mais une
fois qu'elle sera ensemencée en blé, en orge, etc., il
n'y aura rien à faire jusqu'au moment de la récolte.

On comprend que, pour les villages situés près
d'une grande ville et dans lesquels on s'occupe exclusivement de jardinage, les colons qui s'y livrent auront toujours leur temps employé; mais les villages
qu'il s'agit de créer sont éloignés des villes; là, on ne
s'y occupera que de la culture des céréales, des plan-
tations; de légumes? chaque ménage n'en fera que pour
ses besoins personnels, et il faut bien, de toute nécessité, que les habitants trouvent ailleurs une occupation
dont le salaire puisse être ajouté aux produits de leur
exploitation, et de grandes fermes donneront seules
ce résultat.

DEUXIÈME RÉFLEXION.

Je viens de parler de la création de grandes fermes
comme indispensables à la prospérité des villages qu'il
s'agit de créer, et comme appelées à remplacer autant
que possible, en Algérie, les anciens châteaux féo-

daux, les monastères qui, dans l'origine, donnaient la vie à tout leur voisinage; mais malgré les 50 millions votés pour la colonisation, le gouvernement ne pourra pas créer ces grandes fermes, s'il n'est aidé par les départements et par les citoyens auxquels leur position permettra de créer de grandes exploitations.

Il ne faut pas se le dissimuler, on trouvera peu d'individus riches, disposés à aller exposer 100 à 150,000 fr. à fonder ces grandes fermes dans un pays éloigné, à peine connu, et que beaucoup de gens considèrent comme malsain ; certaines personnes mêmes prétendent qu'on ne trouvera pas de colons dans les pays de *grande culture* et dans la Seine-Inférieure notamment; qu'il y aurait inhumanité à exciter des familles à s'expatrier ainsi, et de les envoyer à une mort certaine; puis, ajoutent certains autres, l'agriculture n'a pas trop de bras dans notre département. Il n'y a rien d'exact dans ces propositions, ou au moins elles sont fort exagérées, et ceux qui les font entendre n'ont jamais vu l'Algérie.

D'abord, ce pays n'est pas malsain; avec de la sobriété et certaines précautions dans les pays de plaines, comme de ne pas sortir à jeun, le matin, au milieu des brouillards; se vêtir fortement le soir; s'abstenir de travaux pénibles à partir du mois de mai, depuis dix heures du matin jusqu'à trois heures après midi, on peut y vivre comme ailleurs; l'isolement, dans l'origine, a pu tuer beaucoup des premiers colons qui, partis sans ressources, avaient rêvé la fortune par le seul

11

fait de leur arrivée en Algérie et s'étaient étrangement abusés !

Mais cet isolement est prévenu par la formation de villages où l'on retrouvera des habitudes de famille et de voisinage qui préviendront l'ennui et la nostalgie.

Quant aux colons, le pays de Caux en fournira dès qu'ils auront la certitude de trouver des terres à cultiver et une habitation, et qu'en outre ils auront l'espoir de voir venir se grouper près d'eux d'autres colons venant du même département ; le doute, à ce sujet, ne m'est pas permis à moi, qui, sans les chercher, ai cependant reçu bon nombre de propositions d'individus qui voulaient passer en Afrique et que j'ai dû détourner de leurs projets qui me paraissaient imprudents, tant que le gouvernement n'aurait pas pris des mesures propres à leur assurer, et des logements, et des moyens d'existence pour l'avenir.

Donc, avec de bonnes conditions, des villages bien établis, les colons ne manqueraient pas dans notre département ; on en trouverait peu sans doute dans l'arrondissement de Neufchâtel, mais il n'en serait pas de même dans l'arrondissement d'Yvetot, et dans une bonne partie de ceux de Dieppe et du Havre, où les tisserands, en grand nombre, trouvent à peine en travaillant les moyens de se suffire à eux-mêmes, et sont voués, eux et leurs familles, à la misère la plus profonde, parce que, pour beaucoup, le salaire qu'ils reçoivent n'est pas en proportion de leurs besoins, et cependant à peine de se ruiner eux-mêmes, nos fabricants n'en peuvent payer de plus élevés !

Il faut aider, secourir une grande partie de ces tisserands; mais de grandes fermes créées en Algérie, serviraient mieux ces populations que les aumônes qu'on leur fait, aumônes qui humilient ceux qui ont du cœur (mais que la misère oblige à les recevoir) et qui abâtardissent ceux qui n'en ont pas et préparent à l'avenir un peuple de mendiants!

Or, deux à trois mille ouvriers tisserands, maçons, terrassiers, cultivateurs, pourraient quitter le pays de Caux, sans qu'on pût avoir la crainte fondée que leur absence serait ressentie par l'agriculture; il y a mauvaise foi et mensonge à soutenir le contraire, ou bien il y a ignorance absolue des misères que j'indique et que la colonisation ferait, non pas disparaître, mais au moins diminuer avec le temps, sans inconvénient pour personne et au contraire avec avantage pour tous.

Dans cette position, et en attendant que la spéculation particulière arrive à créer de grandes exploitations agricoles en Algérie, il me semble qu'il y aurait sagesse à venir en aide au gouvernement, en fondant par souscription une grande ferme qui servirait probablement de modèle à d'autres et qui créerait une véritable impulsion vers l'Afrique.

Au mois de janvier dernier j'avais publié, sur ce sujet, un projet que les événements m'ont empêché de suivre, et qui pourrait avoir maintenant une plus facile exécution, à raison même des villages que le gouvernement veut former, et qui offriraient ainsi des ressources sur lesquelles je ne pouvais compter au moment de ma publication.

Ce projet, avec quelques légères modifications, serait d'une heureuse application dans le village que l'État pourrait assigner aux colons de la Seine-Inférieure, et il donnerait à ceux qui seraient choisis pour aller mettre en culture et exploiter la grande ferme que je voudrais voir créer, des avantages beaucoup plus considérables que n'en obtiendraient ceux auxquels le gouvernement ferait des concessions partielles.

Voici sommairement comment je concevrais maintenant ce projet :

PREMIÈRE PARTIE.

Sur l'invitation d'un de nos fonctionnaires ou de quelques membres de notre conseil général, une souscription serait ouverte, dans le département, à l'effet de réunir une somme de 200,000 fr. *à fournir à raison de 1,000 fr. par chaque souscripteur*, mais seulement lorsque le but que je vais indiquer serait atteint.

Aussitôt qu'on aurait obtenu la promesse de deux cents souscriptions de 1,000 fr., un comité de dix membres serait choisi par les souscripteurs à l'effet de solliciter du gouvernement qu'il veuille bien assigner en Algérie, en faveur du département de la Seine-

Inférieure, une certaine quantité de terres (douze ou quatorze cents hectares), destinées à former un village pour les colons qu'il pourrait produire ; ces douze ou quatorze cents hectares formeraient une superficie suffisante, et on tâcherait d'obtenir que cet emplacement fût choisi dans la Mitidja, depuis le marché de l'Arba, jusqu'à dix ou douze kilomètres au-dessus de Blidah, en longeant autant que possible le versant du petit Atlas.

Sur cet emplacement, le gouvernement serait prié : 1° de disposer sans délai les bâtiments nécessaires pour loger convenablement les cinquante premières familles que fournirait le département, et qui auraient demandé et obtenu des concessions ; 2° de construire une église et une maison d'école pour un instituteur ; 3° de concéder (aux fondateurs suivant mon projet), moyennant une rente de 2,500 fr., cinq cent soixante-quatorze hectares de terre à prendre parmi celles destinées audit village, sur lesquels, à l'aide des 200,000 fr. ci-dessus, on établirait une grande exploitation agricole, qui réunirait un directeur, douze familles de colons et quatorze employés de tout sexe, ainsi que cela est indiqué dans ma brochure qui leur servirait de charte, et leur assure des avantages tels que, pour compléter le personnel de cette grande exploitation, le comité n'aurait que l'embarras du choix.

Dans mon projet de ferme, à Marman, j'avais indiqué, à la page 68 et suivantes, qu'il serait indispensable que le directeur s'y rendît un an à l'avance avec quinze employés et deux servantes pour s'occuper des constructions (avec l'entrepreneur, supposé pris à Blidah), cultiver une portion des terres et faire des foins; maintenant il y aurait à cela des modificatio:.s à faire, car les colons déjà installés par le gouvernement dans le village où cette grande ferme devrait être établie, fourniraient une partie du personnel nécessaire pour aider le directeur dans les travaux qu'il aurait à faire exécuter, et rendraient, sans doute, sa tâche plus facile, toute profitable qu'elle serait à ces mêmes colons qui trouveraient dans les travaux dont on les chargerait, un salaire avantageux et bien supérieur à l'indemnité que le gouvernement leur accordera, par chaque jour, pendant les premiers temps de leur arrivée en Afrique; il y aurait ainsi avantage pour tout le monde, et pour les créateurs de ma grande ferme et pour les petits colons fixés dans son voisinage.

Quoi qu'il en soit, cependant, il n'en serait pas moins indispensable que le directeur choisi se rendît sur les lieux avec quinze ouvriers de toute espèce et deux servantes, pour surveiller les constructions, faire exécuter les charriages nécessaires, etc., etc., et s'occuper cependant de faire cultiver trente hectares de te.re avec les huit à dix chevaux qui seraient mis à sa disposition.

Le traitement du directeur et de ses employés serait fixé comme à la page 71 de mon projet, où leur dépense collective est évaluée à 24,000 fr. dont on retrouverait plus que la valeur dans les récoltes en céréales et en foins qu'ils auraient à faire, et qui seraient destinées d'abord à l'approvisionnement de tout le personnel de cette grande ferme, au moment où ce personnel devrait être installé.

En supposant trente hectares de terre cultivés en céréales, dix hectares employés pour la construction des bâtiments de la ferme, dépôt de matériaux, etc., il resterait cinq cent quarante-cinq hectares de terre sur lesquelles on pourrait faire des foins. Or, après en avoir mis de côté environ cinq mille quintaux, pour les besoins présumés de cette grande exploitation, ce n'est pas exagérer que d'admettre qu'on en pourrait vendre quinze mille quintaux qui, tous frais d'exploitation déduits, devraient rendre au moins 60,000 fr. J'admets qu'on n'en pût obtenir que 50,000 fr. ci. . . . . 50,000 fr.

Ils seraient employés à payer :

1° 2,500 fr. à l'Etat pour la rente de concession, ci. . 2,500 fr.

2° 10,000 fr. pour intérêts à 5 0/0 du capital de 200,000 fr. fourni par les fondateurs, ci. . . . . 10,000 fr.

3° 3,000 fr. pour frais de voyages, que deux mem-

A reporter. . . . 12,500 fr. 50,000 fr.

Reports. . . . 12,500 fr. 50,000 fr.

bres du comité, et pour ce
désignés, auraient à faire
dans l'intérêt de l'entre-
prise, pour en surveiller
les premiers travaux, etc.,
ci . . . . 3,000 fr.

4° 1,800 fr. pour payer
un employé qui resterait à
poste fixe sur les lieux pour
surveiller les travaux, en
écrire, jour par jour, les
détails, ainsi que ceux de culture, les achats, etc., et les
transmettre tous les quinze
jours à Rouen, ci.. . . 1,800 fr.

5° 700 fr. pour payer, à
Rouen, un commis qui
transcrirait sur des livres
exprès, toutes les lettres et
documents qu'il recevrait
d'Alger, concernant la ferme, ci. . . . . . . 700 fr.

6° 500 fr. pour faire face
aux frais d'achat de livres,
port de lettres et menues dépenses, ci. . . . . . 500 fr.

Total. . . . 18,500 fr. 50,000 fr.

A ce moyen et ces dépenses prélevées
il ne resterait sur le produit présumé
de cette vente de foins que 34,500 fr.,
ci.. . . . . 31,500 fr.

En admettant la réalisa-
tion de cette somme, elle
serait employée jusqu'à concurrence de 12,000 fr.,
comme suit : 1° 4,500 fr.
au directeur de la colonie, 4,500 fr.

2° 500 fr. à chacun des
deux commis dont est question sous les articles 4 et 5
ci-dessus, ensemble. . . 1,000 fr.

3° 6,000 fr. aux dix-sept
employés et servante atta-
chés à la personne du directeur, ce qui donnerait à
chacun une bonification de
352 fr. environ, ci.. . . 6,000 fr.

Quant aux 20,000 fr. sur-
plus, ils seraient ajoutés
au capital de 200,000 fr.,
destiné à l'établissement de
cette grande ferme et pour
ses besoins divers, ci. . . 20,000 fr.

Somme égale. . . 31,500 fr.

DEUXIÈME PARTIE.

J'ai indiqué dans ma brochure que 200,000 fr. suffiraient à cette création de ferme ; qu'on devrait en employer :

    1° 80,000 fr. en bâtiments, ci. . .   80,000 fr.

    2° 80,000 fr. en mobilier aratoire, chevaux, etc., etc., ci. . . . . .   80,000 fr.

    3° 40,000 fr. pour faire une réserve, ci . . . .   40,000 fr.

             Total. . . .   200,000 fr.

Et 4° que les recettes présumées devraient s'élever chaque année à 156,000 fr. ; je n'ai rien à changer à cet égard, dans les appréciations que j'ai faites, mais le but que je me propose n'étant plus le même, je dois indiquer ici quelques modifications dans l'emploi des recettes ou plutôt dans le payement des charges.

J'avais évalué leur chiffre à 47,150 fr. que j'avais élevé pour faire un chiffre rond à 50,000 fr.

Pour former cette somme, j'indiquais sous le n° 2, à la page 86, 3,000 fr. à payer à la compagnie Rouennaise, comme loyer : cette somme serait à retrancher, puisqu'il n'est plus question ici de cette compagnie, mais aussi il convient de porter en dé-

pense : 1° 2,500 fr. pour la rente à payer à l'Etat,
ci. . . . . 2,500 fr.

Et 2° 2,500 fr. pour le traitement des
deux employés dont il est question sous
les n°ˢ 4 et 5 , ci-dessus , ci. . . . . 2,500 fr.

Total. . . . . 5,000 fr.

Ainsi , les charges prévues resteraient les mêmes à
2,000 fr. près , et seraient toujours plus que couver-
tes par les 50,000 fr. que j'ai indiqués à ce sujet à
la page 88.

Seulement il ne faut pas perdre de vue ici que ,
sous l'article 7 de ces mêmes charges , je parlais de
6,500 fr. à payer pour journées de travail à des
employés du dehors, afin de faire face aux travaux
d'exploitation; cette somme profiterait au contraire,
maintenant, aux divers colons habitant le village où
cette ferme serait élevée, ainsi que les 5,000 fr. mis
en réserve pour ferrage de chevaux, entretien de
voitures, harnais, etc., ce qui serait une source de
bien-être et de travail utile pour ces mêmes colons.

*Quant au traitement du directeur, des employés, à la
part de chacun, ainsi que des douze familles attachées à
cette grande ferme dans les produits, ils restent les mêmes,
et comme ils sont fixés dans mon projet.*

A la page 95, et sous le titre de 4ᵐᵉ section, j'indiquais l'emploi des 53,000 fr. devant, d'après mes
idées, former la part du bénéfice annuel des fondateurs
de cette exploitation; il doit rester le même; mais

cependant il me paraît utile d'y ajouter les dispositions suivantes.

Je prévoyais alors que la compagnie Rouennaise aurait à encaisser, personnellement, un bénéfice annuel de 17,687 fr. 50 c. ; comme il ne s'agit plus d'elle, on n'a plus à s'en préoccuper, et cette somme devrait recevoir, pour partie au moins, une autre destination.

J'ai dit, dans la première partie de ce projet, que l'État ferait bâtir une église et une maison d'école dans le village qu'il destinerait à des colons de la Seine-Inférieure ; j'admets en conséquence qu'il y placerait un desservant et un instituteur ; que le premier aurait au moins un traitement fixe de 1,200 fr., et l'instituteur un traitement de 800 fr., dont le payement pourrait avoir lieu sur la rente de 2,500 fr., prix de la concession qu'il s'agirait d'obtenir pour réaliser mon rêve actuel.

Or, pour obtenir plus facilement un desservant et un bon instituteur, les fondateurs de la grande ferme projetée feraient bien de prélever sur les 17,687 fr. 50 c. de bénéfice dont je viens de parler et qui maintenant n'ont plus de destination :

1° 600 fr. pour assurer, pendant dix ans (c'est à dire pendant le temps fixé à l'exploitation en commun de la grande ferme en question), un supplément de traitement au desservant du village, afin de lui faire aussi une position meilleure qui l'attache davantage au pays, le mette à même de vivre plus à l'aise, et d'aider les malheureux, ci. . . . . 600 fr.

2° 500 fr. à l'instituteur qui, à ce moyen, et tous les mois, ferait passer à Rouen copie des écritures tenues à la ferme, pour indiquer les recettes et les dépenses, ci. . . . . 500 fr.

Ces 500 fr. aideraient d'autant cet instituteur, amélioreraient sa position et lui feraient un véritable bien-être.

Et 3° 500 fr. pour le traitement d'une religieuse qui serait chargée d'instruire les jeunes filles du village, et de leur apprendre à coudre, *connaissance qui*, *en France et dans nos campagnes*, n'est pas assez répandue, etc., etc., ci. . . 500 fr.

Total. . . . . 1,600 fr.

Quant à l'excédant des bénéfices, après tous ces prélèvements opérés, il serait mis en réserve pendant quatre ans pour faire face aux éventualités, et plus tard il serait employé à rembourser, par son accumulation, le capital même de la rente de 2,500 fr. due à l'État.

Par l'exécution de ce projet, s'il pouvait être accueilli, les habitants de ce village se trouveraient avoir une église, un prêtre, un instituteur, une religieuse, un médecin, qui, en vue des sacrifices que les fondateurs de la grande ferme s'imposeraient, voudraient bien s'y fixer.

Les fondateurs de cette ferme, au moyen d'une somme de 1,000 fr., feraient à ces colons un bien considérable, contribueraient à ce qu'ils puissent plus aisément s'acclimater, puisqu'ils retrouveraient en Algérie tout ce qui, pour eux, constitue des habitudes dans leurs communes respectives : une famille, des voisins, leur église, leur curé, leur maître d'école et une bonne religieuse, et tout ce monde pourrait être pris dans le département de la Seine-Inférieure!

Mais ce n'est pas tout, dans l'ordre de mes idées, une pareille fondation doit être étrangère à toute idée de spéculation, et après avoir servi les intérêts de l'Algérie, ceux qui y auraient concouru pourraient encore, et très-utilement, servir ceux de la France, et voici à cet égard ma proposition (1) :

Dans mon projet de ferme Normande, j'ai dit, qu'en moins de dix ans, les 200,000 fr. prêtés pour sa fondation seraient remboursés; j'en ai indiqué le mode qui me paraît devoir être suivi; dans ce cas, la compagnie Rouennaise-Algérienne était appelée, après ce délai, à réaliser, à son profit, la vente de tout le mobilier de cette grande ferme et des 500 hectares qui en formeraient l'étendue, *après que le directeur, les colons et les employés auraient prélevé*

_____

(1) La pensée de réaliser une bonne action, tout en courant les chances d'un *bénéfice certain*, pourrait peut-être sembler plus séduisante. Je suis loin de l'exclure, mais j'indique le plan que je préfère !! celui auquel je m'associerais avec le plus de bonheur !!

chacun le lot de terre qui leur serait attribué; maintenant, au contraire, qu'il s'agit d'une œuvre de bienfaisance, d'un exemple à donner pour faciliter la colonisation, il conviendrait que les fondateurs de cette grande exploitation stipulassent que lorsqu'elle viendrait à cesser, tout ce qui en composerait l'actif serait réalisé par les soins du comité; que les terres en seraient vendues, et que le produit du tout, divisé par 200mes, *serait attribué au bénéfice des bureaux de bienfaisance ou des communes qui auraient fourni des souscripteurs;* de telle sorte que, dans douze ans environ, ces mêmes communes seraient appelées à recueillir, d'après cette proportion, tout le bénéfice de cette fondation qui, après avoir profité au nouveau village algérien, aux familles de colons et aux employés qui auraient été choisis pour aller cultiver cette grande ferme, viendrait ainsi profiter aux pauvres des communes du département où se seraient rencontrés des souscripteurs.

Cette pensée, si elle était accueillie, produirait, à n'en pas douter, de bons résultats; elle pourrait être suivie dans d'autres départements.

En admettant que les bénéfices que j'ai indiqués comme probables fussent trop considérables, qu'on dût les diminuer d'un tiers (ce que je ne puis supposer), les colons auraient toujours à se féliciter d'avoir été choisis, car ils auraient ainsi conquis une position bien préférable à celle qu'ils auraient eue en restant dans leurs villages respectifs; quant aux fondateurs, ils ne courraient jamais aucun risque, car le mobilier de l'exploitation et le fonds même de la ferme ne leur permettraient pas de doute sur la certitude de rentrer dans les 1,000 fr. dont ils auraient fait l'avance, et ils auraient cependant fait une bonne action.

Mais quelques personnes ont cru voir dans la mise à exécution de ce plan, une application de socialisme, et ont cru qu'à ce titre, on devrait s'abstenir d'en aider le succès. C'est là une erreur regrettable, car nous voyons chaque jour des associations commerciales dans nos villes, ce qui, assurément, n'implique pas le moins du monde chez les individus qui forment ces sociétés des idées de socialisme, comme semblent le croire ceux auxquels je fais allusion.

Il ne s'agit pas là d'*associer forcément* (ce qui serait inique, absurde), des familles ensemble, en leur assurant une part de bénéfices, mais d'appeler, pour constituer une grande exploitation, un certain nombre de familles qui se sentiraient disposées à s'expatrier, et voudraient aller tenter en Algérie les moyens de se procurer une existence plus heureuse; ces familles, on ne les presserait pas de courir de pareilles chances, on ne les abuserait pas par de pompeuses promesses, elles sauraient à l'avance qu'il s'agit d'aller se livrer à des travaux pénibles, mais de leur état, sous un ciel plus chaud que le leur; que l'intempérance y est mortelle, que bien des colons déjà ont échoué dans leurs tentatives! Mais si, en présence des avantages qu'on voudrait leur assurer, des précautions prises pour les rendre heureux, autant que cela serait possible, on recontrait des familles (et on n'en manquerait pas), voulant en profiter, les fondateurs n'auraient pas de reproches à se faire, lors même que le succès ne répondrait pas à leurs espérances, car ils auraient été mus par un sentiment honorable, et auraient d'ailleurs pris à l'avance toutes les mesures à l'aide desquelles ce succès devrait être espéré, et à mes yeux il serait assuré.

Mais, par elle-même, ma confiance ne prouve rien et ne peut rien produire : c'est vous, messieurs, qui pourriez la faire naître chez les autres, en propageant cette idée nouvelle et en lui faisant des prosélytes de manière à en faciliter la mise à exécution.

TROISIÈME ET DERNIÈRE RÉFLEXION.

Dans la dernière partie de ma brochure sur la colonisation, j'ai indiqué diverses améliorations à introduire dans les ordonnances qui régissent l'Algérie. J'ai agi dans cette occasion comme je l'avais fait précédemment dans les divers mémoires que j'avais fait imprimer à Alger pour vos procès, et dans lesquels j'avais relevé ce qui me paraissait déraisonnable, ou dans les procédures ou dans les actes.

Déjà le gouvernement a réalisé quelques-unes des améliorations qui me paraissaient nécessaires, parce qu'il avait été frappé des inconvénients que j'avais pu remarquer (car je n'ai pas la ridicule prétention de penser qu'il a eu égard à mes observations, mais au moins je les avais fait passer à quelques fonctionnaires honorables de l'Algérie qui, de leur côté, ont pu les appuyer de leur crédit et de leurs appréciations personnelles, et obtenir peut-être leur réalisation).

Une commission nouvelle vient d'être formée pour réviser et coordonner les ordonnances relatives à notre colonie qui, *maintenant* n'est plus une colonie, mais une partie intégrante de la France; il pourrait être utile de provoquer son attention sur celle des améliorations que j'ai indiquées, et qui ne sont pas encore réalisées, et spécialement sur l'inamovibilité à conférer aux membres de la justice qui, jusqu'à ce jour, sont, au contraire, sous les ordres et la dépendance du procureur général, mais il en est d'autres encore qu'il serait bon d'obtenir, ce serait notamment :

1° Qu'on créât une troisième chambre à la cour d'appel d'Alger, de manière à ce que la justice criminelle y fût instruite et jugée comme en France, et que le jury (1) fût institué pour fonctionner sous la

---

(1) Pour la formation de ce jury, il faudrait se préoccuper plus de la moralité, et des précédents de ceux que la loi nouvelle appelle à en faire partie, que de leur fortune actuelle, apparente ou réelle.

On n'a rien à redouter du bon sens et de la droiture d'un ouvrier laborieux et honnête, tandis que tous les chevaliers d'industrie, faillis ou autres, porteurs maintenant d'habits propres, que peut posséder l'Algérie, constitueraient un jury ne présentant pas de véritables garanties, s'ils n'étaient éliminés avec soin des listes du jury !

présidence d'un conseiller dans les villes qui seraient désignées à cet effet.

Maintenant, la cour d'Alger juge comme cour d'appel, toutes les décisions rendues en matière criminelle par les tribunaux civils ou militaires ; *mais* on ne fait pas venir les témoins de Bone , d'Oran , de Philippeville, de Constantine , etc., etc., et la cour juge sur le rapport qui lui est fait des procédures et des décisions rendues dans ces juridictions ; il suit de là que les magistrats ne pouvant s'inspirer par les dépositions orales des témoins entendus par les premiers juges, doivent hésiter souvent à réformer ou à confirmer les sentences qui leur sont soumises ; ils manquent de ces impressions personnelles qui formeraient leurs convictions devant des dépositions qu'eux-mêmes pourraient alors recueillir , et dans les cas les plus graves, la peine de mort, ils doivent souvent éprouver une cruelle hésitation ! Or , l'institution du jury et l'augmentation du personnel de la cour , présenteraient plus de garantie d'une bonne administration de la justice criminelle et plus de sécurité pour les citoyens.

2° Il serait utile encore que le temps des vacances fût, en Algérie, le même qu'en France ; maintenant les tribunaux ont quatre vacances différentes, chacune de dix jours , mais ce délai n'est pas suffisant pour que magistrats et défenseurs puissent entreprendre un voyage, et se rendent en France pour y voir leurs familles, s'occuper de leurs affaires et se *retremper* dans leur pays ; si, de temps à autre, les magistrats peuvent obtenir des congés, il n'en est pas de même des défenseurs que le soin de leurs affaires, l'obligation de se rendre aux audiences, retiennent forcément chez eux, parce que dix jours de vacances ne leur permettent pas de se rendre en France.

Cet état de choses est fâcheux, il est de nature à empêcher bien des jeunes gens capables d'aller se fixer en Algérie, parce qu'à l'avance ils apprécient l'impossibilité morale dans laquelle ils se trouveraient de quitter momentanément leurs affaires pour se rendre dans leur pays et leurs familles. Il y aurait justice et avantage réel à les placer sous le droit commun, afin qu'ils puissent se recruter de tous hommes capables, qui n'éprouveraient, à Alger, d'autre contrariété que celle d'être éloignés de leur pays, qu'ils pourraient du reste visiter pendant une vacance de deux mois.

Par suite du développement que l'Algérie est appelée à recevoir dans sa population française, en présence des nombreux colons déjà partis et de ceux qui les suivront, on se trouvera, avant peu d'années, dans l'obligation d'instituer des tribunaux civils dans des villes où il n'existe maintenant que des tribunaux militaires ; il serait alors bien important de ne choisir les défenseurs, les notaires et les huissiers qui seront accrédités près de ces tribunaux, que parmi des jeunes gens bien versés déjà dans la procédure et la triture des affaires, afin qu'ils puissent diriger convenablement tous ceux qui auront à recourir à leurs conseils, et sachent au moins comment les actions doivent être introduites et les actes rédigés, les précautions qu'il faut prendre pour ne pas rendre victimes de leur inexpérience ceux qui seront obligés de recourir à leur ministère.

Pour quiconque a pu examiner de près comment, dans les premiers temps, les actes notariés ont été reçus et les procédures faites, il n'est pas possible de n'être pas convaincu de toute l'importance qu'il y a à ce que, dans l'avenir, on se préoccupe sérieusement de ne fixer près les tribunaux que des gens aptes à remplir les fonctions dont ils sollicitent l'investiture.

Au lieu de s'en rapporter, pour les choix, à des présentations faites par des membres de la bureau-cratie, et trop souvent à la suite d'intrigues, de manœuvres plus ou moins loyales, il serait bien con-venable que le ministre de la justice ne choisît de titulaires que parmi les jeunes gens qui seraient présentés par messieurs les procureurs-généraux, qui, eux, pourraient se renseigner près des cham-bres des notaires, les conseils de l'ordre des avocats, les chambres d'avoués ou d'huissiers, sur la capacité, la moralité et les ressources de ceux qui désireraient obtenir une nomination en Algérie. Les choix seraient ainsi meilleurs, et les populations de l'Afrique ne pourraient qu'y gagner; la justice y serait plus facile à rendre, parce que les actes, mieux rédigés, donne-raient lieu à moins de procès, et que les procédures bien faites rendraient les décisions moins fatigantes à rendre que lorsqu'il faut que le juge supplée lui-même à l'incapacité ou à la négligence des auxiliaires de la justice, cas qui ont dû fréquemment se reproduire dans les premiers temps.

Enfin, il est de la plus haute importance que le gouvernement sache bien que l'Algérie ne doit pas être un *exutoire* pour les incapacités ou pour les gens tarés ou ruinés par le jeu ou la débauche. Il faut, dans un pays aussi neuf, des fonctionnaires de tout degré, d'une moralité sûre, d'une probité à l'épreuve, et d'une capacité réelle; dût-on augmenter leurs traitements comme compensation du sacrifice qu'ils font en s'éloignant de la France et de leurs habitudes, ce surcroît de dépense serait un bon emploi des fonds du trésor public, — car de bons fonctionnaires, dans les divers services publics, contribueraient puissamment à la colonisation. — L'ancien gouvernement était entré à ce sujet dans la voie des épurations, et il avait bien et sagement fait; il faut compléter son œuvre, et surtout se bien garder de cette pensée malheureuse, que la seule condition d'appartenir à une couleur politique plus ou moins avancée suffit pour avoir droit à toutes les positions algériennes, sans qu'on doive songer aux précédents de ceux qui y sollicitent des emplois, et à leur aptitude à les remplir.

L'ordonnance du 1er octobre 1844 fournit la mesure des abus qui avaient eu lieu dans ce pays, et qui

avaient pu provoquer une ordonnance aussi rigou-
reuse; pour être assurés de n'avoir pas à regretter
de l'avoir rapportée (ce qui du reste me semblait
juste), c'est de bien veiller sur tous les choix qui
seront faits, de manière qu'à côté d'hommes honorables et estimables, on ne trouve pas en fonctions des
gens dont le contact doit être pour les premiers une
cause d'affliction et de dégoût.

Telles sont, messieurs, les considérations que j'ai
cru utiles de vous soumettre à l'appui du rapport
que j'ai été chargé de vous faire sur vos intérêts personnels.

Tout cela s'enchaîne à mes yeux, parce qu'avec une
bonne administration, une révision sage et prudente
des ordonnances qui régissent l'Algérie, une colonisation bien préparée, bien opérée, des grandes fermes créées dans les nouveaux villages, pour assurer du
travail aux petits colons, vous n'aurez que de bons
résultats à obtenir de votre opération de 1834, malgré
les tourments et les embarras qu'elle vous aura
occasionnés.

Mais notez-le bien, si vous entrez dans mes vues,
si vous en appuyez le développement, si vous com-
battez cette pensée que la colonisation est impossible,
si vous aidez à l'érection de grandes fermes, si vous
consentez à faire des prosélytes à mon rêve d'une
grande exploitation départementale, vous agirez en
même temps, et dans vos intérêts propres, et dans
ceux du pays.

Si, par la nature de vos rapports, vous pouvez appuyer les améliorations que je réclame, en faire ressortir les avantages près des fonctionnaires qui peuvent seuls les accorder, et qui ne pouvant par eux-mêmes entrer dans tous les détails qui pourraient les éclairer, sont obligés trop souvent de s'en rapporter à des secrétaires ou à des employés qui, parfois, rejettent sans les lire les observations faites, parce que trop souvent ils en reçoivent d'oiseuses (1); vous aurez encore travaillé pour vous, puisque vous recueillerez chacun votre part de tout le bien que vous aurez procuré.

Ainsi donc, je vous en conjure, pensez plus souvent à vos affaires personnelles algériennes; consentez à lire les rapports que vous avez aux mains, afin d'avoir

---

(1) J'ai fait insérer, dans l'*Impartial de Rouen* du 22 décembre 1848, une note ayant pour but de relever un *fait monstrueux* de procédure; il s'agit d'une assignation pour laquelle on vient réclamer 1,869 fr. 10 cent.; assignation pour laquelle on a fait 159 *copies que je crois inutiles !*

J'ai fait passer des exemplaires du numéro de ce journal avec une lettre à MM. les ministres de la justice et de la guerre, afin de provoquer leur attention sur un mode de procédure *qui, s'il était légal à Alger,* serait *d'une absurdité scandaleuse.* Il ne m'a pas encore été accusé réception de cet envoi, parce que des embarras d'une nature plus grave absorbent tous les instants de ces deux fonctionnaires et des personnes attachées à leur cabinet. Il sera bon cependant de vérifier si cette communication leur est parvenue. J'ai fait le même envoi à M. le chef du parquet de première instance à Alger, avec prière de s'occuper du fait signalé, comme digne aussi de toute sa sollicitude, et je suis d'avance convaincu qu'il s'en occupera.

une *opinion* à vous sur ce qui vous concerne ; parlez à vos connaissances, à vos amis, des améliorations qui me semblent utiles, de mon plan de grande ferme. Ce n'est pas là une réclame que je fais pour obtenir la vaine satisfaction de faire réussir des idées qui me seraient propres, car elles vous appartiennent, messieurs, puisque c'est vous seuls qui m'avez mis à même de les produire; mais aussi parce que, dans ma conviction intime et profonde, l'Algérie, malgré les sacrifices énormes qu'elle a coûtés à la France (sacrifices tels qu'ils ferment maintenant la porte à toute pensée d'abandon), pourra seule offrir, à la génération qui nous suivra, le moyen d'utiliser son trop plein, et qu'avant quinze ou vingt ans elle pourrait assurer déjà l'aisance, la fortune même, à une foule de familles qui maintenant sont dans la misère.

Et enfin, parce qu'à mes yeux, le seul moyen de travailler utilement pour l'avenir, d'assurer le repos public, ce serait de s'occuper sérieusement et activement de cette colonisation, et en même temps d'arrêter des mesures définitives pour la *déportation des forçats*, l'extinction de la mendicité et la répression de l'ivrognerie, etc., d'après les idées consignées dans une petite brochure que j'ai publiée en mai 1848, sous le titre d'*Essai sur les moyens de sortir du gâchis*. (1)

_____

(1) Cette pensée de déportation n'est pas neuve, elle a déjà fixé depuis longtemps l'attention d'hommes graves et sérieux, dont M. le docteur Vingtrinier (médecin des prisons de Rouen), cite l'autorité

Secondez donc mes efforts, et plus tard on se rappellera peut-être, en Afrique, que la Compagnie Rouennaise-Algérienne, au lieu de n'avoir fourni

dans un excellent travail lu, par lui, à l'Académie de Rouen, le 16 juin 1848.

Si les exigences de la politique avaient moins préoccupé nos divers gouvernants depuis cinquante ans, la France aurait aussi son *Botany-Bay,* et elle s'en serait bien trouvée, parce que tous les organisateurs de révolutions et d'émeutes auraient moins trouvé sous leurs mains les instruments ordinaires et aveugles de leurs mauvaises passions, passions auxquelles il leur est si facile de faire des adeptes parmi tous ces malheureux sortis du bagne; malheureux qui viennent trop souvent donner les enseignements les plus pervers aux ouvriers *paresseux* et *déjà gangrenés* avec lesquels ils se trouvent en contact!

. . . .

La déportation! La déportation! à mes yeux, c'est une question d'avenir pour la France! et je persiste, à cet égard, dans les quelques mots que j'ai dits à ce sujet, dans *les art.* 5 *et* 6 de mon *Essai sur les moyens de sortir du gâchis* (il se trouve chez les principaux libraires de Rouen et du département).

Tous les gouvernements d'Europe qui n'ont pas, comme l'Angleterre, un réceptacle pour ceux qu'elle repousse de son sein et que la justice a flétris, auraient un intérêt immense à s'assurer sur le globe un point quelconque, où ils pourraient aussi reléguer leurs membres dangereux, pour les employer à coloniser et à se livrer à des travaux qui, avec le temps, en moraliseraient un bon nombre.

Si cette pensée était accueillie, les gouvernements devraient convenir entre eux et établir comme point *de droit public européen,* que quoi qu'il pût arriver dans l'avenir, et même en cas de guerre, quelle qu'en fût la cause : 1° Que les colonies pénitentiaires de chaque nation seraient respectées; 2° que la mer serait toujours libre pour les bâtiments chargés de transporter, soit des déportés, soit des vivres ou provisions à destination de ces mêmes colonies; 3° que le seul droit des parties belligérantes consisterait (en cas de guerre) à s'assurer que les bâtiments dont les équipages se diraient employés au serqu'une réunion de spéculateurs, avait au contraire travaillé utilement à la colonisation; qu'au lieu de faire du patriotisme seulement *en phrases et en paroles*, elle en avait fait en actions et contribué utilement à la prospérité du pays.

En agissant ainsi, vous donneriez aux membres de votre comité, dont je ne suis que l'organe, la meilleure et la seule récompense qu'ils puissent recevoir de vous en échange des soins qu'ils ont donnés à vos divers intérêts, soins que je serais heureux d'avoir partagés, s'il en pouvait résulter quelque bien pour l'Algérie.

vice des colonies pénitentiaires, auraient bien réellement cette destination.

L'infraction à un pareil traité devrait être considérée comme crime de *lèse-humanité!*.... A côté d'idées de liberté, la France a vomi sur l'Europe plus d'une idée dangereuse! Les fauteurs de ces idées ont pu y trouver *des apôtres* qui, sous divers prétextes, sous divers masques, ont pu inoculer leurs pensées de désordre et de subversion sociale, et si ses gouvernants actuels prenaient, dans l'intérêt de notre pays, *l'initiative franche* de l'établissement de colonies pénitentiaires, les autres gouvernements, loin de s'en alarmer, devraient y applaudir et l'imiter!

Sans doute, de pareilles créations sont coûteuses! mais quand tout est en péril, les questions d'argent ne doivent pas arrêter!

D'ailleurs, la conservation et l'entretien de nos bagnes exigent aussi des dépenses énormes. La dépense ne ferait qu'être déplacée; dût-elle être augmentée et grever d'autant le budget, ce serait manquer de prévoyance et de patriotisme, que de regretter le payement des impôts momentanés que nécessiterait l'adoption d'une pareille mesure!

TABLE DES MATIÈRES.